2018年度教育部人文社会科学研究专项任务项目（高校思想政治工作）
“基于学生‘千日成长’的高职院校育人工作体系研究”
（18JDSZ1019）阶段性研究成果

2018年度浙江省哲学社会科学规划“高校思想政治工作”专项课题
“习近平新时代中国特色社会主义以人民为中心的创新活力思想研究”
（18GXSZ021YB）阶段性研究成果

2020年度浙江金融职业学院重点科研项目
“提升学校治理现代化水平，打造依法治校示范校”
（2020SG09）阶段性研究成果

浙江省高等教育“十三五”第二批教学改革研究项目
“产教融合情境下高职院校职业素质课程体系改革与创新”
（jg20190814）阶段性研究成果

# 高职院校学生思想政治教育的理论与实践

■ 张鹏超　吴德银　俞　婷◎著

ZHEJIANG UNIVERSITY PRESS
浙江大学出版社

**图书在版编目(CIP)数据**

高职院校学生思想政治教育的理论与实践 / 张鹏超等著. —杭州：浙江大学出版社，2021.4
ISBN 978-7-308-21099-7

Ⅰ.①高… Ⅱ.①张… Ⅲ.①高等职业教育－思想政治教育－研究－中国 Ⅳ.①G711

中国版本图书馆 CIP 数据核字(2021)第 031585 号

**高职院校学生思想政治教育的理论与实践**

张鹏超　吴德银　俞　婷　著

**策划编辑**　吴伟伟
**责任编辑**　陈　翩
**责任校对**　丁沛岚　张振华
**封面设计**　周　灵
**出版发行**　浙江大学出版社
（杭州市天目山路 148 号　邮政编码 310007）
（网址：http://www.zjupress.com）
**排　　版**　杭州隆盛图文制作有限公司
**印　　刷**　杭州高腾印务有限公司
**开　　本**　710mm×1000mm　1/16
**印　　张**　11.75
**字　　数**　218 千
**版 印 次**　2021 年 4 月第 1 版　2021 年 4 月第 1 次印刷
**书　　号**　ISBN 978-7-308-21099-7
**定　　价**　54.00 元



浙江大学出版社市场运营中心联系方式：(0571) 88925591；http://zjdxcbs.tmall.com

# 目　　录

# 第一章

## 以立德树人为根本，<br>将思想政治工作贯穿学生成长全过程

在2016年12月7—8日召开的全国高校思想政治工作会议上，习近平总书记强调："高校思想政治工作关系高校培养什么样的人、如何培养人以及为谁培养人这个根本问题。要坚持把立德树人作为中心环节，把思想政治工作贯穿教育教学全过程，实现全程育人、全方位育人，努力开创我国高等教育事业发展新局面。"①在2018年北京大学师生座谈会上，习近平总书记指出："人才培养体系涉及学科体系、教学体系、教材体系、管理体系等，而贯通其中的是思想政治工作体系。"②习近平总书记的讲话站位高、立意远，指出了高校人才培养的本质问题：只有培养出一流人才的高校，才能够成为世界一流大学。今天高校的人才培养，决定着明天中国政治、经济、社会发展的走向，决定着国家的前途和命运。"我国高等教育发展方向要同我国发展的现实目标和未来方向紧密联系在一起，为人民服务，为中国共产党治国理政服务，为巩固和发展中国特色社会主义制度服务，为改革开放和社会主义现代化建设服务。"③"四个服务"，主要解决的是"为谁培养人"的问题。"要坚持不懈传播马克思主义科学理论，抓好马克思主义理论教育，为学生一生成长奠定科学的思想基础。要坚持不懈培育和弘扬社会主义核心价值观，引导广大师生做社会主义核心价值观的坚定信仰者、积极传播者、模范践行者。要坚持不懈促进高校和谐稳定，培育理性平和的健康心态，加强人文关怀和心理疏导，把高校建设成为安定团结的模范之地。要坚持不懈培育优良校风和学风，使高校发展做到治理有方、管理到位、风清气正。"④"四个坚持不懈"，主要解决的是"如何培养人"的问题。"要教育引导学生正确认识世界和中国发展大势，从我们党探索中国特色社会主义历史发展和伟大实践中，认识和把握人类社会发展的历史必然性，认识和把握中国特色社会主义的历史必然性，不断树立为共产主义远大理想和中国特色社会主义共同理想而奋斗的信念和信心；正确认识中国特色和国际比较，全面客观认识当代中国、看待外部世界；正确认识时代责任和历史使命，用中国梦激扬青春梦，为学生点亮理想的灯、照亮前行的路，激励学生自觉把个人的理想追求融入国家和民族的事业中，勇做走

---

① 习近平在全国高校思想政治工作会议上强调：把思想政治工作贯穿教育教学全过程，开创我国高等教育事业发展新局面[N]. 人民日报，2016-12-09.

② 习近平. 在北京大学师生座谈会上的讲话[M]. 北京：人民出版社，2018：10.

③ 习近平在全国高校思想政治工作会议上强调：把思想政治工作贯穿教育教学全过程，开创我国高等教育事业发展新局面[N]. 人民日报，2016-12-09.

④ 习近平在全国高校思想政治工作会议上强调：把思想政治工作贯穿教育教学全过程，开创我国高等教育事业发展新局面[N]. 人民日报，2016-12-09.

在时代前列的奋进者、开拓者；正确认识远大抱负和脚踏实地，珍惜韶华、脚踏实地，把远大抱负落实到实际行动中，让勤奋学习成为青春飞扬的动力，让增长本领成为青春搏击的能量。”①“四个正确认识”，主要解决的是“培养什么样的人”的问题。对于高校而言，落实全国高校思想政治工作会议精神的首要任务是以立德树人为根本，将思想政治工作贯穿学生成长全过程。

以立德树人为根本，将思想政治工作贯穿学生成长全过程，就是在高校实现全程育人、全方位育人、全员育人。高校的学生工作、教学工作基本涵盖了学生的学习、工作和生活，同时也抓住了主要矛盾，我们主要从这两个部分来论述。

## 第一节　把思想政治工作贯穿教学工作全过程

“自从人类产生分工，每一个作为个体的人都会以特定的方式被纳入某个行业或专业中，随着社会文明的发展，这种分工愈加精细化和专业化。但随着社会现代化的推进，很多政治、经济或科学问题呈现出复杂性，不能只依赖于单一学科解决，迫切需要跨学科、跨领域的交流合作。同样地，人才培养也需要相关学科的交叉与融通。思政教育要想达到好的效果，就要在思想政治教育与专业课程之间搭建桥梁，相互融合通达，通过挖掘其他课程的文化基因及价值范式，使其转化为社会主义核心价值观的有效教学载体，将理想信念层面的精神指引‘润物细无声’地融入学生的素质养成与知识学习中。”②课堂教学是大学生活的重要组成部分，是学生学习科学文化知识的主阵地。任何课程都蕴含育人元素。将思想政治教育融入教学工作，深入挖掘专业课程中的思想政治教育元素，柔化课程育人模式，使所有课程达到知识传递、能力提升和立德树人相统一，从而实现高校思想政治教育全覆盖，进一步增强教育的目的性、针对性和实效性，是高校的重要课题。习近平总书记强调：“要用好课堂教学这个主渠道，思想政治理论课要坚持在改进中加强，提升思想政治教育亲和力和针对性，满足学生成长发展需求和期待，其他各门课都要守好一段渠、种好责任田，使各类课程与思想政

① 习近平在全国高校思想政治工作会议上强调：把思想政治工作贯穿教育教学全过程，开创我国高等教育事业发展新局面[N]. 人民日报，2016-12-09.

② 刘燕莉，李浩野，陆涛.“思政融通”：思政教育新模式研究与实践[J]. 研究生教育研究，2019(4)：57-63.

治理论课同向同行，形成协同效应。”①

## 一、学校党委统揽全局，做好课程思政的顶层设计

过去，在一些人的印象中，党建、思政是党委书记的事情，而专业、课程是校长的事情。党的十八大以来，中共中央既强调全面从严治党，又强调全面加强党的领导。高校党委承担着全面领导的职责，承担着“培养什么人、为谁培养人、怎样培养人”这个首要和重要任务。抓好教学工作这个重要的阵地开展思想政治教育，开展课程思政，学校党委首先要做好顶层设计。一是做好制度性设计，明确各部门育人职责。要牢固树立在高校校园内时时、处处、事事育人的思想。要制定各部门育人的工作职责，进而形成育人工作制度和保障机制。二是各门课程都要将思政育人纳入人才培养方案。进一步明确课程思政育人在人才培养体系中的目标、功能定位和实施办法等，从人才培养方案的高度为教师实施思政育人提供依据。同时，要求教务处在安排教学课程、选用课程教材、核算工作量等工作过程中，注重课程思政的导向性要求，在人才培养方案中明确思政育人的要求，并以此设置课程体系及教学标准。三是对教材开展意识形态审定工作。明确学校党委宣传部主抓全校教材的意识形态审定工作，各二级学院党委书记（党总支书记）审定本学院教材的意识形态，确保教材正确的政治方向。四是抓好“双培工程”。把党员培养成业务骨干尤其是培养成专业骨干，把业务骨干尤其是专业骨干培养成党员。五是抓好党员干部乃至全体教师的理论武装工作，促进全员育人。抓好党建工作，以科学的理论武装党员的同时，抓好教职员工的教育引导工作。例如，组织开展“同读三本书，共育一代人”活动。要求各党总支、直属支部分别围绕各门课程的育人目标和主要内容组织本部门教师通过集中学习、自学、讨论等多种方式学习《思想道德与法律基础》《毛泽东思想和中国特色社会主义理论体系概论》《形势与政策》三本教材，同时可邀请马克思主义学院教师或校外专家解读教学目标、教学内容、重点难点，确保全体教师对三门思想政治理论课学懂、弄通、悟透。校团委、各二级学院团总支要广泛组织青年学生进一步学深、学精三门思想政治理论课，联动三个课堂，充分调动理论骨干和学生骨干的模范带头作用，把理论学习与课外实践有机结合在一起，真正发挥思想政治理论课对学生成长成才的价值引领作用。促进全校教师立足课程实际，把专业教学与思想引领、价值引导统一起来，充分挖掘各门课程蕴含的思想政治教育

① 习近平在全国高校思想政治工作会议上强调：把思想政治工作贯穿教育教学全过程，开创我国高等教育事业发展新局面[N]. 人民日报，2016-12-09.

资源，结合专业人才培养目标和课程特色，扎实开展课程思政实践，深入推进课程思政教学改革，认真撰写课程思政教学案例或者理论文章，促进课程思政教育教学改革扎实有效开展。

## 二、院系主抓落实，在教学工作中开展育人工作

上面千条线，下面一根针。院系的主要工作是创造性地落实学校党政的各项部署，将课程思政落实落细。一是主动创新，鼓励教师挖掘课程中的育人元素。在集体备课、教研活动中，将挖掘课程的育人元素放在重要的位置，将育人与知识的传授、能力的提升有机融合。在课程讲授时，以正确的价值观、科学的方法论引导学生发现问题、分析问题和思考问题，领悟价值取向。二是言传身教，以德育人。"其身正，不令而行；其身不正，虽令不从。"教师的品行对学生有着潜移默化的影响，教师的穿着打扮、言谈举止等仪容仪表，课前准备、守时守信等工作礼仪，思想、信念和道德，以及处世态度与行为，都直接或者间接地影响着学生，发挥着育人的作用。在课堂教学中，在知识传授过程中，教师要关注学生的情感反应，用自己的人格魅力、渊博学识、职业素养和职业技能活跃课堂气氛，让学生在行为体验与情感体验中、在知识学习与技能训练中产生德行共鸣，让知识的传授、技能的训练与品格的培养相辅相成，做到春风化雨、润物无声，立德树人、铸魂育人。三是抓课堂教学改革。在课堂教学改革中，既要注重课堂技术的改革、教学行为的改革、教学观念的改革，更要注重育人导向的改革，明确思想政治教育导向，把准育人方向。四是鼓励专任教师担任班主任或者辅导员工作。学院应制定规章制度，明确担任班主任或者辅导员工作是专任教师职称职务晋级的必要条件；明确要求年轻教师具备学工履历。专任教师担任班主任或者辅导员工作，既能有效促进三全育人工作，又能促进专任教师积极探索教学思路并高效地利用课程开展思想政治教育。

## 三、形成思政课程与课程思政的协同育人效应

思想政治理论课和其他各门课程均具有育人功能，各有侧重，要按照习近平总书记的要求做到同向同行，形成协同效应。

### (一)发挥思政理论课程的显性育人作用

高职院校的思政理论课主要是上好"思想道德修养与法律基础""毛泽东思想与中国特色社会主义理论体系概论""形势与政策"三门课程，向同学们讲清楚马克思主义为什么"行"，中国共产党为什么"能"，中国特色社会主义为什么

“好”；旗帜鲜明地讲好中国故事，讲好中国共产党故事；注重社会主义核心价值观的教育引领作用。思政理论课程教师要有问题意识，要能发现学生在课程中的问题，并能够有针对性地答疑解惑，尤其是教会学生如何在科学的理论视角下发现问题、分析问题、解决问题。

## (二)发挥各门课程的隐性育人作用

“高校立身之本在于立德树人。牢牢抓住全面提高人才培养能力这个核心点，挖掘用好高校各门课程所蕴含的丰富思想政治教育元素，充分发挥高校各门课程的思想政治教育功能，在传道授业解惑中引之以大道、启之以大智，培养国之栋梁人才，既是落实立德树人根本任务的内在需要，也是做好新形势下高校思想政治工作的题中应有之义。”①“课程思政是思想政治教育领域的新探索，它将马克思主义立场、观点和方法贯穿到各学科的教育教学中，让思想政治教育更具有现实性和穿透力，寓价值引导于知识传授之中。”②我们可以把思政理论课程之外的其他课程分为综合素质类课程和专业教育类课程。这些课程的育人功能与思想政治理论课有所不同，一般而言，主要发挥着隐性育人的作用。

1. 综合素质类课程的隐性思想政治教育

综合素质类课程主要包含通识教育课、公共基础课。这些课程在培育人的综合素养过程中要注重发挥核心价值观引领作用，加强学生的理想信念教育。例如，浙江金融职业学院于2009年3月成立明理学院，以一年级学生为教育重点，面向明理学院学生开展明理教育活动。明理教育目标主要包括五个方面：明法理，教育学生学会守法；明德理，教育学生学会做人；明事理，教育学生学会做事；明学理，教育学生学会学习；明情理，教育学生学会感恩。形成“1＋2＋2”课程体系，即开设一门通识课程(“明理人生通论”)、两门必修课程(“心理健康教育指导”“职业生涯规划指导”)、两门选修课程(“诚信文化理论与实践”“学习生活指导”)。研发了系列助学读物：编印了《明理人生 照亮前程》画册、《明理人生》读本、《明理学院案例集》、《心理，你好！》画册和心理科普读物口袋书，编写了《明理人生：高职学生优质成才方法论》等系列辅助读物。组织开展系列明理实践活动：给每一位提前招生学生寄一封信，提出“做好五个一、快乐过假期”的具体要求；面向全体新生，通过网络和书面等形式，发送《新生入门指南》和《大学生学习生活指南》，使新生尽早了解学院的学习生活要求，为入学做好准备；依托“明理

① 王光彦. 充分发挥高校各门课程思想政治教育功能[J]. 中国大学教学，2017(10)：4-7.

② 朱飞. 高校课程思政的价值澄明与进路选择[J]. 思想理论教育，2019(8)：62-72.

大讲堂”，每年开展8～12场专题报告；举办“明理知识竞赛”，组织开展学涯、职涯规划比赛；组织开展校、院两级明理实践活动，做好学生的心理健康教育等等诸多教育实践活动，在教授学生做人、做事的道理的同时，将核心价值观的内容、学校育人的特点与学生的成长需求有机融合，有效地开展了明法理、明德理、明事理、明学理、明情理教育。经过顶层设计及相对精细化管理，经过十年的实践，浙江金融职业学院基本实现了财经类高职院校一年级学生德育工作的课程化、生活化、系统化，有效地发挥了综合素质类课程的核心价值观引领育人作用。

2.专业教育课程的隐性思想政治教育

专业教育课类程可分为哲学社会科学课程和自然科学课程。哲学社会科学课程要凸显哲学社会科学的社会主义意识形态功能，研究制定实施方案，编制教学指南，注重思想政治教育资源挖掘，开展效果评价，不断完善，形成系统的哲学社会科学课程思想政治教育模式。自然科学课程要注重拓展科学思维，开展职业素养教育，将知识传授与能力培养的目标同“立德”的价值塑造目标深度融通，将“德育”放在首位，研究制定实施方案，编制教学指南，开展效果评价，不断完善，形成系统的自然科学课程思想政治教育模式。专业教育类课程的隐性思想政治教育要根据不同的学生群体及不同的时间阶段、不同的培养层次及专业，有的放矢地融通设计教学内容，选择教学方式，组建师资队伍，制定评价标准，划分若干模块思政内涵，设置不同的功能和任务，以达到呈现和实现不同思政功能的目的，保证“思政融通”实施效果，提升立德树人成效。在开始阶段，可选取2～4门核心课程开展试点，取得经验后，逐步推广实施。

## 四、浙江金融职业学院全课程育人改革的实践

浙江金融职业学院全面贯彻党的教育方针，坚持社会主义办学方向，坚持把立德树人作为学校教书育人的中心环节，坚持把思想政治工作贯穿教学全过程，形成全课程人才培养机制，做到显性课程与隐性课程融会贯通，推进“思政课程”与“课程思政”有机融通。

学校按照整体规划、系统设计，目标一致、统筹兼顾，注重实效、科学推进的原则开展课程育人工作。推动社会主义核心价值观进教材、进课堂、进头脑，通过全课程育人的实施培养又红又专、德才兼备、知行合一、全面发展的中国特色社会主义合格建设者和可靠接班人，培养出一大批品学兼优的杰出技术技能人才，培养和造就一大批基层复合型人才。建成各年级有机衔接、相互协调、科学合理的全课程育人体系；确立教育教学主要环节相互配套、协调一致的全课程育

人机制；形成多方参与、齐心协力、互相配合的全课程育人工作格局。

伴随信息技术的快速发展，行业形态正在发生深刻变革，社会对高质量的技术技能人才的需求也日益增强，这些发展和变革已经影响到人才培养、课程建设、课堂教学。学校充分发挥各类二级学院在人才培养、课程建设、课堂教学中的作用，综合运用教学管理方法和手段，提升课程育人成效，彰显教学管理效能。需要说明的是，创设明理学院是浙江金融职业学院开展全课程育人的重要载体之一，本书第七章的载体创新部分将做详细论述，此不赘述。

### （一）创设马克思主义学院

率先在全国高职院校创设马克思主义学院，充分发挥思想政治课主渠道作用。2015 年 9 月，在中共浙江省委宣传部和浙江省委教育工委的支持下，全国高职院校首家马克思主义学院在浙江金融职业学院成立。马克思主义学院的成立，最大的标志是理直气壮举起马克思主义旗帜，最大的影响是进一步增强马克思主义在办学和人才培养过程中的指导地位。同时，学校进一步重视马克思主义理论尤其是马克思主义中国化理论与实践研究，加强思想政治课建设和改革创新，全面系统地对学生进行马克思主义理论教育和思想政治引导。

### （二）“七彩金院、交相辉映”

专业二级学院全面推进“七彩金院、交相辉映”战略实施，促进各专业特色发展。浙江金融职业学院将全校 21 个专业按专业群分设为金融管理、投资管理、会计、工商管理、国际商务、人文艺术、信息与互联网等 7 个二级学院，分别根据不同专业及专业群要求开设系统化专业基础课程和专业技能课程，各门课程分别承担业务传授、技能训练和思想政治课功能，各二级学院办出各自专业特色，相互协作支持，构成同向协同、各具特色的人才培养模式。

### （三）创设淑女学院

创设淑女学院，以四季课程和线上线下学习加强女生职业素养教育。财经类高职院校的特点就是女生多，而女生就业相对更难。针对这一情形，学校于 2010 年创设了淑女学院，旨在通过公开选修课程、社团组织活动、春夏秋冬四季课程和线上线下学习等形式，系统地加强对在校女生职业素养和特长才艺的培养，以达到美心、美德、美艺、美仪、美智的效果。开设当家理财院校课程，练习琴棋书画功夫，提高女生的素养和能力。

### (四)创设银领学院

创设银领学院,通过校企合作课程,强化人才培养综合成效。学校于2008年创设银领学院。银领学院以“订单培养”为始点,以校企合作为平台,以开放办学为特征,以工学结合为载体,以双师团队为依托,以优质银领为目标;学校与委托“订单培养”企业合作办学、合作开课、合作育人、合作就业,把理论与实践、通识与特殊、业务与技能、制度与文化紧密结合,由校企双方组成紧密型教学和管理团队共同执教与管理。

### (五)创设笃行创新创业教育学院

创设笃行创新创业教育学院,将创新创业教育贯穿人才培养全过程。“大众创业、万众创新”是党中央、国务院做出的重大战略决策。为全面加强创新创业教育,学校于2006年设立笃行创业学院,2012年又更名为笃行创新创业教育学院,通过开设全校“创新创业基础”通识课、设立创新创业教学模块、开展创新创业实践等途径,把对学生的创新精神和创业意识培养落到实处,培养了一批创业积极分子和企业家,同时也促进了校企合作共生体建设,笃行学风也得到进一步发扬。

# 第二节　把思想政治工作贯穿学生工作全过程

## 一、高等职业院校思想政治工作

### (一)思想政治教育

张想明、杨红梅认为:“思想政治教育是特定社会或社会群体用一定的思想观念、政治观点、道德规范,对其成员施加有目的、有计划、有组织的影响,使他们形成符合其所需要的思想品德的社会实践活动,实质上是统治阶级实现其政治统治的合法性和维持社会秩序的产物,是自阶级社会出现后普遍存在的政治生活对教育的渗透。”①郑永廷认为:“人生活在现实社会中,总是处于一定的环境条件下,要受到来自社会环境的各种影响,人作为社会活动的主体,在各种活动中和社会环境中,思想和行为都会受到影响或教育,社会环境也具有一定的教育

① 张想明,杨红梅.论思想政治教育的政治性、科学性、文化性及其关系[J].前沿,2013(1):27-30.

作用。但是，社会环境不一定都有思想政治教育的作用，有些社会活动，缺乏正确的价值取向，具有盲目、随意的倾向；有些社会因素则具有消极影响。社会环境对人们思想、行为的影响，往往带有自发性、不确定性，既有正面影响，也有负面影响，既有必然性影响，也有偶然性影响。而思想政治教育，则是有组织、有计划地以培养、提高人的思想政治素质为目的的活动，它明确地体现并指示着人的发展和社会发展的方向性和价值取向，这是思想政治教育与环境影响的区别。”因而，“思想政治教育是一种有目的性、具有超越性的实践活动。这种实践活动随着社会的发展和人们的主体性的增强，其作用越来越重要。思想政治教育在社会生活中，是一种多属性、多因素的特殊活动”①。

### （二）以立德树人为根本的高校思想政治工作

“教育是民族振兴和社会进步的基石。要坚持教育优先发展，全面贯彻党的教育方针，坚持教育为社会主义现代化建设服务、为人民服务，把立德树人作为教育的根本任务，培养德智体美全面发展的社会主义建设者和接班人。”②党的十八大报告首次将立德树人写入党的全国代表大会报告，明确为教育的根本任务。习近平总书记在考察北京市八一学校时指出：“基础教育是立德树人的事业，要旗帜鲜明加强思想政治教育、品德教育，加强社会主义核心价值观教育，引导学生自尊自信自立自强。”③在第二十三次全国高等学校党的建设工作会议上指出：“办好中国特色社会主义大学，要坚持立德树人，把培育和践行社会主义核心价值观融入教书育人全过程。”④在党的十九大报告中指出：“建设教育强国是中华民族伟大复兴的基础工程，必须把教育事业放在优先位置，加快教育现代化，办好人民满意的教育。要全面贯彻党的教育方针，落实立德树人根本任务，发展素质教育，推进教育公平，培养德智体美全面发展的社会主义建设者和接班人。”⑤在 2016 年全国高校思想政治工作会议上，习近平总书记强调：“要坚持把立德树人作为中心环节，把思想政治工作贯穿教育教学全过程，实现全程育人、

---

① 郑永廷.论思想政治教育的本质及其发展[J].教学与研究，2001(3)：49-52.

② 胡锦涛.坚定不移沿着中国特色社会主义道路前进 为全面建成小康社会而奋斗：在中国共产党第十八次全国代表大会上的报告[N].光明日报，2012-11-18.

③ 习近平在北京市八一学校考察时强调：全面贯彻落实党的教育方针 努力把我国基础教育越办越好[N].光明日报，2016-09-10.

④ 习近平就高校党建工作作出重要指示强调：坚持立德树人思想引领 加强改进高校党建工作[N].光明日报，2014-12-30.

⑤ 习近平.决胜全面建成小康社会 夺取新时代中国特色社会主义伟大胜利：在中国共产党第十九次全国代表大会上的报告[N].光明日报，2017-10-28.

全方位育人,努力开创我国高等教育事业发展新局面。”①“高校思想政治工作,既是我国高校的特色,又是办好我国高校的优势。……高校思想政治工作只能加强不能削弱,只能前进不能停滞,只能积极作为不能被动应对。”②习近平总书记高度重视并将“立德树人”作为教育的根本任务,强调把思想政治工作贯穿教育教学全过程,既从教育的本质与最终目的上进一步阐明了教育的价值,又抓住了为谁培养人、培养什么人、如何培养人的关键,是我们党教育思想的新发展。

## 二、高校学生工作

### (一)国外高校的学生工作

关于学生工作,每个国家给予的定义各不相同。作为欧洲大学重要发源地的法国、德国,其“高等教育将高校事务管理分为学术事务管理和非学术事务管理两大类。高校只负责与学术有关的管理工作,如教学、科研活动,以及学生的招生和学籍管理等有限的学生事务工作。其他与学生有关的非学术事务管理工作,如住宿、餐饮、奖学金、医疗、社会保险等管理工作,皆由独立于高校的公共机构来承担。高校派人参加或者成立联络点,在本校和社会性服务机构之间发挥沟通和协调的作用”③。“有限的学生事务”必然会弱化学校对学生的教育引导工作。俄罗斯高校的学生事务经历了从苏联时代的泛政治化到去政治化的过程,“学生工作的理念是教育的人道主义性质、全人类价值、学校的自治以及人的个性自由发展具有优先地位”④。俄罗斯高校的育人工作从一个极端走上了另一个极端,必然会影响高校对学生开展爱国主义教育、集体主义教育,弱化核心价值观的引导工作。在美国,学生工作被称为学生事务(student affairs),与课外活动、学生生活、住宿、感情或个人发展等问题有关。“美国高校学生事务管理一般被理解为对学生非学术事务和所有课外活动的管理,即与学生日常学习和生活息息相关的事务管理。”“美国‘高校学生事务’及其管理之概念大致经历了‘替代父母制’‘学生人事’‘学生服务’‘学生发展’‘学生学习’的演进过程。”⑤米勒和温斯顿指出:“‘学生事务’这一概念,习惯用来描述校园内对学生课外教育

---

① 习近平在全国高校思想政治工作会议上强调:把思想政治工作贯穿教育教学全过程,开创我国高等教育事业发展新局面[N].人民日报,2016-12-09.

② 坚持走自己的高等教育发展道路:论学习贯彻习近平总书记高校思想政治工作会议讲话[N].人民日报,2016-12-09.

③ 方巍,叶瑞克,胡芊,等.学生事务管理的流派与模式[M].杭州:浙江大学出版社,2014:131.

④ 方巍,叶瑞克,胡芊,等.学生事务管理的流派与模式[M].杭州:浙江大学出版社,2014:156.

⑤ 储祖旺,蒋洪池.高校学生事务管理概念的演变与本土化[J].高等教育研究,2009(2):86-90.

负责的组织机构或者单位；而‘学生事务管理’则被理解为这一职业领域的总称。”[①]美国高校的学生事务概念与我国学生管理工作概念的内涵、外延大体相同。

### (二)我国高校的学生工作

在我国，“学生工作”“学生管理”等概念已经被广泛使用。赵平认为：“从工作的对象、性质、内容和范围来看，美国的‘学生事务’和‘学生服务’与我国高校的学生工作类似。”[②]蔡国春认为：“美国的‘学生事务及管理’基本与我国的‘学生工作及其管理’相对应。”“狭义的学生管理是指‘管理学生’，广义的学生管理是指‘管理学生(人)和管理学生工作(事)’。”[③]张志军等认为：“从理论上讲，广义的学生工作是指学校为学生健康成长服务的所有直接和间接工作的总和；狭义的学生工作是指与教学工作、科研工作相平行的直接以学生的思想政治教育、成长发展指导、学生事务管理为主要内容的学生工作。”[④]方巍等认为：“学生工作应该由两个子系统构成：一个是思想政治教育子系统，包含学生思想教育、党团教育、道德教育、法制教育等；另一个是学生事务管理子系统，内容涉及学生的学习、生活、活动等各个方面，包括招生与学籍管理、日常行为规范、社团及课外活动管理、奖惩管理、资助管理、宿舍管理、心理咨询、学务指导、就业指导、各类信息服务等。高校思想政治教育属于思想政治教育学科研究范畴，重点关注主流价值观、道德观、民族文化、多元文化等对大学生成长的影响及其传承和发展的规律。学生事务管理则属于高等教育学研究范畴，重点关注高等教育自身发展对于学生成长的影响和学生事务管理专业化的规律。”[⑤]笔者赞同使用我们惯用的“学生工作”“学生管理工作”等概念，方巍等人将学生工作分为思想政治教育子系统和学生事务管理子系统，对学生工作进行了划分，方便了表述，有一定的道理，但是将学生思想政治教育与学生事务管理相分离，极易割裂二者之间的关系，形成空洞的、脱离学生学习生活实际的、形式主义的思想政治教育；同时，笔者也不赞同简单地将学生事务管理纳入高等教育学研究范畴。

---

① Miller T K, Wiston R B, Jr. Administration and Leadership in Student Affairs[M]. Muncie: Accelerated Development Inc., 1991:15.

② 赵平.美国高校学生工作[M].北京:北京航空航天大学出版社,1996:1.

③ 蔡国春.中美高校学生事务管理模式比较研究[M].青岛:中国海洋大学出版社,2007:11.

④ 张志军,沈威,高飞,等.构建高校发展型学生工作体系的理论与实践[M].北京:中国书籍出版社,2015:2.

⑤ 方巍,叶瑞克,胡芊,等.学生事务管理的流派与模式[M].杭州:浙江大学出版社,2014:13.

## 三、将思想政治工作贯穿学生工作全过程

“思想政治教育不可能脱离现实的、具体的人的思想进行教育，只能从现实的人、具体的人的实际出发开展教育。从人的思想实际出发进行思想政治教育，必须分析思想形成、发展、变化的实践基础和客观原因，决不能脱离人的实践活动和客观条件，空洞抽象地进行思想政治教育。”①将思想政治工作贯穿学生工作全过程，就是在学生教育、管理、服务中有针对性地开展思想政治教育，既要旗帜鲜明，又要春风化雨。

### （一）以立德树人为根本任务，做好高职院校学生工作

立德树人是教育的根本任务。“立德”出自《左传》中的“立德、立功、立言”，“树人”出自《管子》中的“一年之计，莫如树谷；十年之计，莫如树木；终身之计，莫如树人”。立德即树立德业，树人即培养人才。立德树人，就是要立“爱国、敬业、诚信、友善”之德，树“理想信念坚定、道德崇高、全面发展”之人。高职院校开展立德树人工作，要抓住学生这个主要对象，抓牢班主任、辅导员这个重要群体，抓好学生教育管理和服务这个重要载体，调动学工部（学生处）这个职能处室的积极性，形成全员育人氛围，牢牢把握育人导向，培育高素质技术技能型人才。

### （二）将思想政治工作贯穿学生管理工作全过程

学生管理工作不是简单地抓出勤、抓纪律、抓学生的文明礼仪，重要的是定位于育人，服务于学生成长，并将思想政治工作贯穿学生管理工作的全过程。

1.学生管理工作方向要正确

学生管理要坚持党的领导，全面贯彻党的教育方针，坚持立德树人根本任务，遵循学生成长发展规律，加强理想信念教育，按照培育和践行社会主义核心价值观的要求，努力培养德智体美劳全面发展的社会主义建设者和接班人；要坚持校企协同育人和全员、全过程、全方位育人理念。

2.学生管理工作目标要明确、路径要清晰

要制定符合学生身心发展特点、成长成才规律并与人才培养目标相衔接的学生管理目标；制定学生全面发展的中长期规划，明确具体实施计划；构建校企一体化育人体系，有效实施全员、全过程、全方位育人。

---

① 郑永廷.论思想政治教育的本质及其发展[J].教学与研究，2001(3):49-52.

3．学生管理工作内容要全面

第一，党建、思想政治教育载体丰富、方法多样。高职院校要落实《普通高等学校学生党建工作标准》，发挥支部的战斗堡垒作用和党员的先锋模范作用。要贯彻落实国家有关思想政治教育的文件精神，积极培育和践行社会主义核心价值观；思想政治教育遵循学生身心发展规律，符合职业岗位发展特点，内容和载体丰富，途径和形式多样；要充分运用新媒体平台，增强党建、思想政治教育工作的针对性和实效性。

第二，人文素养体系健全、活动丰富、品牌彰显。道德品质教育、法治知识教育、传统文化教育、文明礼仪教育、美育等有效开展；积极开展文化体育艺术活动，构建完善的人文艺术教育活动体系，培育学生健全人格，打造符合岗位发展要求和专业特点的校园文化品牌；积极开展心理健康教育活动，有效开展心理危机干预，健全和完善心理健康服务体系；有效开展国防教育活动，组织开展学生军训工作；有效开展学生安全意识、安全知识、安全技能培养教育活动。

第三，注重职业素养养成教育，注重匠心培育。开展工匠精神教育，引导学生崇尚实践、诚信敬业、奉献社会，树立正确的职业观；将实践活动纳入人才培养方案，广泛开展志愿服务、社会调研、社会实践等；加强学风建设、文明寝室建设，社团活动丰富多彩，形成学生自我管理、自我服务、自我教育、自我监督长效机制，养成教育成效显著；开展学生辛勤劳动、诚实劳动、创造性劳动教育实践活动，引导学生崇尚劳动、尊重劳动，弘扬劳动精神。

第四，做好职业规划，加强就业指导和创新创业教育。有效开展职业生涯规划教育和学生就业服务；高职院校主要开展以提升学生就业能力、就业质量为核心的教育；有效开展创新创业教育活动；建立毕业生成长发展跟踪反馈机制。

第五，加强日常管理。做好招生服务，严格执行招生政策，规范招生工作；做好资助服务，落实国家学生资助政策，完善学生资助体系；加强学籍管理，做好服务工作；构建完善的学生“一站式”服务平台，建立涵盖学生成长、特殊群体等学生的管理信息库，建设“一站式、一体化、一条龙”的智慧学工平台，推动学生事务“最多跑一次”改革；保障学生权益，建立完善的学生奖惩工作流程，做到奖惩合规、结果公开；完善学生投诉、申诉工作流程，畅通学生投诉、申诉渠道，建立学生参与学校管理机制，保障学生知情权、参与权、表达权、监督权；加强实习管理，签订企业、学校、学生三方实习协议书，建立企业、学校、学生三方实习信息定期反馈机制，学校和实习单位分别选派实习指导教师全程指导、共同管理，学校会同实习单位加强安全教育培训。

4.学生管理工作保障要有力

第一，组织保障机构健全、职责明确。建立党委领导及主要领导牵头、责任明确、分级负责的学生管理组织体系，机构（包括学生工作部、学生处、就业指导服务机构、学生心理健康教育服务组织等）设置完备科学；党团组织健全，党建带团建工作突出；学生会、学生社团等组织体系完善。

第二，制度保障上要制度完善、机制健全、评价科学。构建校企等多方参与的学生思想教育管理、学习管理、生活管理制度体系；建立学校、企业、家庭、社会协同管理机制；建立学生权益保障制度、安全应急响应机制；建立日常工作管理和学生思想动态研判机制；建立学生管理考核评价、监督激励机制。

第三，队伍保障上要数量充足、能力匹配。建立完善的辅导员、班主任、职业指导教师、心理健康教育教师等教师队伍，人员配备符合国家规定；建立企业导师制度，配备企业导师；思政工作队伍职业能力提升渠道畅通。

第四，设施保障上要设施完备、平台丰富。校内学生活动设施、生活设施、健康教育设施、安全设施配置齐全；校外学生素质教育基地稳定、充足；全员、全过程、全方位育人载体丰富、保障有力；创新创业教育平台功能健全。

第五，经费保障上要预算科学、使用规范。设立学生管理工作专项经费并纳入年度预算；经费满足学生管理需要；经费专款专用，规范高效。

第六，管理信息化建设上要理念先进、功能齐全。充分利用云计算、大数据等现代信息技术，构建全方位、全过程、全天候的学生管理支撑体系，建立以服务学生成长成才为中心的信息化管理平台；管理平台涵盖学生的教育、管理和服务模块，功能完善，运行高效。

5.学生管理工作成效要显著

第一，管理模式上有研究探索、有创新。学生管理理论研究与实践探索有成果；学生管理模式创新有成效。

第二，培养质量高、学生素质好，就业有质量。学生整体素质提升，有标志性成果；用人单位、社会机构等对学生评价高，毕业生对母校满意度高，就业质量、专业对口率高；创新创业成效显著。

6.学生管理工作要有特色、有创新

“香水，95％都是水，只有5％不同，那是各家秘方。”恰如香水的成分规律一样，各个高职学校的学生教育管理工作大体是相同的，不同的是贯彻执行的理念和各具特色又符合校情的做法。重点提炼学生管理工作中的创新做法、成功经验及成效，突出特色。

## (三)将思想政治工作贯穿学生教育活动全过程

“思想政治教育的根本目的是提高人的思想政治素质。从人的本质意义上讲，思想政治素质是人的社会本质的表现；从人心理的内在结构上看，体现了知、情、意、行的统一。”①“知乃行之始，行乃知之成。”提高广大学生的思想政治素质，使其增强“四个意识”、坚定“四个自信”、做到“两个维护”，关键是突出思想政治教育。

第一，加强学生党建。抓好入党积极分子的党课培训、业余党校工作，进一步加强党的基础理论、基本知识的普及培训工作；抓好党员的继续教育工作，抓好“三会一课”，教育党员学生读原著、学原文、悟原理，深入学习习近平新时代中国特色社会主义思想，以学生党建引领学风建设。

第二，加强学生团建。高职院校学生团员占绝大多数，在团员中广泛开展“青年学子学习青年习近平”活动，普及党团理论和知识，进一步增强团员意识。

第三，注重培育和践行社会主义核心价值观。培育和践行社会主义核心价值观重在认知认同、做到知行统一；用社会主义核心价值观引领思潮、凝聚共识，帮助学生做到“爱国，忠于祖国，忠于人民”“励志，立鸿鹄志，做奋斗者”“求真，求真学问，练真本领”“力行，知行合一，做实干家”②。

第四，发挥学生会组织、班级组织的自我教育功能。“高校是马克思主义理论研究与教育的重要阵地，承担着用中国特色社会主义理论体系教育和武装高校学生，为中国特色社会主义事业培养合格建设者和可靠接班人的使命。高校学生不仅是马克思主义大众化的重要对象，而且也是推动马克思主义大众化的重要力量。”③充分发挥各级学生组织、班级的自我教育作用，使各级学生组织自发地组织开展思想政治类教育活动，在教育自我、提升自我中加强广大学生的思想政治教育。

第五，加强理论社团建设。学生社团是指学生在自愿基础上形成的各种群众性的学生组织，其目的是活跃校园文化生活，提高学生能力，交流思想，增进友谊。“高校学生理论社团是在高校党团组织指导下由学生自发组织起来的学习、探讨马克思主义理论以及参与相关实践活动的群众性组织，在马克思主义大众

---

① 闵永新.大学生思想政治教育有效性研究的现状与展望[J].思想理论教育导刊，2010(1)：80-87.

② 习近平.在北京大学师生座谈会上的讲话[M].北京：人民出版社，2018：11-13.

③ 冯皓，郑欣峰，詹筱媛.发挥学生理论社团作用 推动高校马克思主义大众化[J].中国高等教育，2012(6)：36-37.

化进程中起着重要作用。”①高校学生理论社团发挥着学习宣传马克思主义的平台作用。在这个平台上，有着共同爱好的学生们可以交流学习体会，发表个人学术观点，组织开展学术活动，提升理论素养。

第六，丰富校园文化活动，以重大节庆日为契机，开展主旋律教育。突出校园文化活动的主旋律，将思想政治教育融于学生喜闻乐见的校园文化活动中。例如，2019 年恰逢中华人民共和国成立 70 周年，各高校以“我和我的祖国”为主题，在全校范围广泛开展形式多样、内容丰富的主题宣传教育活动，着重增强仪式感、参与感、现代感，激发广大学生的爱国爱校之情，把爱国奋斗精神转化为实际行动，为决胜全面建成小康社会、夺取新时代中国特色社会主义伟大胜利、实现中华民族伟大复兴的中国梦而不懈奋斗。

### “我和我的祖国”主题教育活动案例

(1)组织开展学习体验活动。积极开展红色根据地及爱国主义教育基地参观考察活动，组织师生到革命纪念设施参观学习，聆听革命故事，学习革命精神，充分感受中华人民共和国成立和发展的艰辛历程，继承和发扬革命传统，推进《新时代爱国主义教育实施纲要》的贯彻落实。

(2)组织开展主题宣讲活动。围绕新时代中国特色社会主义和中国梦宣传教育，深入开展理想信念教育，有效推动习近平新时代中国特色社会主义思想入脑入心、落地生根。广泛组织开展师生校友宣讲活动，以真人真事和真情实感，讲好勤奋求学、履职敬业、追梦筑梦、奋斗圆梦的故事。举办系列论坛，围绕中华人民共和国成立 70 年来特别是党的十八大以来相关领域发生的巨大变化、取得的伟大成就进行主题宣讲。

(3)组织开展共和国故事讲堂。组织共和国故事主题的大讲堂，邀请老战士、老同志、老专家、老教师、老劳模等到学生中，讲述亲身经历，弘扬革命精神。

(4)组织开展缅怀革命先烈活动。组织学生集中开展祭扫烈士墓、敬献花篮、宣读祭文、瞻仰遗物等活动，倡导青年学生向革命英烈献花，缅怀革命先烈的英勇事迹和崇高精神。开展继承先烈遗志宣誓活动，组织党员、团员重温入党入团誓词。

(5)组织开展先进模范学习宣传活动。利用“七一”、教师节、校友返校日等节点，广泛组织开展先进模范学习宣传活动，对拥有共和国成长经历的老教师、

---

① 冯皓，郑欣峰，詹筱媛. 发挥学生理论社团作用 推动高校马克思主义大众化[J]. 中国高等教育，2012(6)：36-37.

校友等,充分发挥他们的精神引领和典型示范作用。组织学生深入走访老教师、校友、劳模、最美人物等,帮助解决实际困难,让他们切实感受到党和政府、学校的温暖。

(6)组织开展同升国旗、同唱国歌活动。在全校范围内开展"我爱祖国、同唱国歌"活动,让师生充分表达爱国情感,让爱党爱国爱社会主义的时代主旋律响彻中华大地。每天早上8时,校内广播整点播放国歌。国庆前后每周举行隆重的升国旗仪式,在国庆长假期间悬挂国旗。将国旗、国徽、国歌作为爱国主义教育的重要内容,教育学生了解国旗、国徽和国歌的历史和精神内涵。

(7)组织开展主题作品征集评选活动。以"我和祖国共成长"为主题,重点围绕"光辉历程""统一战线""共创双高""美丽浙江""美好生活"等内容开展老照片、文章、诗词、书法绘画、摄影作品、短视频、新媒体作品等形式多样的作品征集活动。通过创作、征集优秀作品,并通过报纸、网络、新媒体等评选和集中展示,让广大学生在参与过程中深入了解共和国历史、传承革命精神,充分展示对党的感恩、对伟大祖国的热爱、对美好生活的向往。

(8)组织开展"开学第一课"教育活动。组织实施好"开学第一课",聚焦"我和祖国共成长",深入开展爱国主义教育和革命传统教育。组织专题党团活动、班队会活动、论坛讲座,开展形势政策宣传教育。组织诵读校训、读书演讲、歌咏比赛、参观校史馆等活动,推动校园文化活动蓬勃开展。

(9)组织开展节日主题活动。精心设计、广泛开展"我们的节日"活动,深入挖掘中秋、重阳等中华民族传统节日的文化内涵,突出爱国主题,丰富内容形式,更好弘扬爱国精神、凝聚爱国力量。依托芒种毕业典礼日、重阳校友登高节等节日文化活动,吸引学生积极参与"活化"节日文化资源。利用校史馆、展览馆、图书馆举办主题展览、藏品展示、互动体验等活动,让传统节日、民俗文化、非物质文化遗产"活"起来。围绕"七一"党的生日、"八一"建军节、"九二〇"公民道德宣传日、"十一"国庆节等重要节日,有针对性地组织开展庆祝活动。

(10)组织开展国防教育活动。以"赞颂辉煌成就、军民同心筑梦"为主题,开展宣讲活动。利用军事理论课等渠道,通过举办"爱我国防"主题演讲比赛,厚植青年学生的家国情怀和爱国意识。广泛开展国防体育、国防科普、国防竞赛等活动,持续开展"全民国防教育万映计划",不断强化全民国防观念。

(11)组织开展网上主题宣传教育活动。利用微信公众号、网站、客户端等新媒体传播渠道,主动设置议题,推出系列话题,运用个性化制作、可视化呈现、互动化传播的方式开展宣传教育,构建线上线下同心圆,开展网上缅怀先烈活动,开设网上献花、网民留言等板块,吸引网民踊跃参与。组织开展"我心中的那面

国旗”“我向国旗敬个礼”“国旗在我心中”等网上礼赞国旗活动，引导广大师生积极上传同国旗合影的照片或视频，畅谈心中的国旗，抒发爱国之情。

(12)组织开展各类群众性文化活动。广泛组织开展形式新颖、富有时代气息的群众性文化活动，让广大学生便于参与、乐于参与、主动参与。举办师生合唱节、音乐节等，引导广大师生抒发对祖国母亲的美好祝福。广泛开展国庆游园活动，组织公益演出、设计趣味游戏，营造欢乐、喜庆、祥和的节日氛围。

(13)精心打造公共环境。集中发布主题宣传标语，充分利用户外大屏幕、楼宇显示屏、移动电视、灯箱道旗、宣传橱窗、宣传展板等开展公益广告宣传活动，营造良好氛围。

# 第二章

## 构建育人工作体系，完善学生思想政治工作机制

# 第一节　新时代高职院校学生素质教育工作体系的构建

经过 30 多年的探索实践，素质教育逐渐成为被社会认同的教育理念和模式。我国高等学校的素质教育从重视和加强人文素质教育开始，逐步发展成为与学科专业教育融合的立体化、全方位的素质教育，取得了明显的成效。党的十九大报告指出："要全面贯彻党的教育方针，落实立德树人根本任务，发展素质教育。"①2019 年，《国家职业教育改革实施方案》和《教育部、财政部关于实施中国特色高水平高职学校和专业建设计划的意见》相继出台，对新时代高职素质教育提出了更高的要求，同时也为我们做好新时代高职素质教育提供了重要依据。

素质教育是一切教育的基础，它的目标是全面贯彻党的教育方针，培养德智体美劳全面发展的社会主义建设者和接班人，重点是关注"人的发展"，它是尊重学生的个性差异，帮助学生形成健全的人格，促进学生发展的教育。高职教育的逻辑起点是人而非职业，所以在专业知识、职业技能的传递和获得过程中，首先应该围绕学生的健康、快乐与幸福，学生职场的生存、成长和发展构建起完整的高等职业教育的素质教育体系。既授予学生生存发展的知识能力，又教会学生明白生存的意义与价值，既让学生关注自我的发展，又教育学生关注集体、服务社会。在看到高职院校素质教育取得的巨大成绩的同时，也要注意到高职院校素质教育在新形势下仍需补齐短板，完善工作体系。

## 一、新时代高职素质教育面临的挑战

第一，第一课堂和第二课堂的素质教育脱节。表现在：片面强调知识传授和技能训练，片面强调就业率，忽视学生素质教育，无法满足企业、行业要求及学生可持续发展需求；素质教育没有融入专业人才培养方案中，导致素质教育中第一课堂和第二课堂脱节，不能有效提升素质教育的整体效应。

第二，素质教育评价体系不健全、不科学。表现在：学生参与不足，成效不明显；考核管理制度不健全、评价体系不科学，没有量化标准，素质教育实施中目标不清晰、操作性不强。

第三，大规模扩招提出新挑战。根据 2019 年《政府工作报告》部署，要改革

① 《党的十九大报告辅导读本》编写组.党的十九大报告辅导读本[M].北京：人民出版社，2017：27.

完善高职院校考试招生办法，鼓励更多应届高中毕业生和退役军人、下岗职工、农民工等报考，大规模扩招 100 万人。这 100 万学生，生源多元化，年龄、背景、知识结构各异，对他们的培养方式与接受高中阶段教育升入高职院校的学生应有所区别，他们更需要的是个性化、定制化的授课方式和业余辅导。做好这 100 万学生的素质教育，为国家产业升级提供更加优质的技术技能型人才，是高职院校面临的新挑战。

解决高职院校素质教育面临的挑战，回应高职院校面临扩招的新形势和进一步重视劳动教育的新要求，需要树立科学的指导思想，整合教育资源，创新教育载体，构建起科学系统的素质教育体系。

## 二、当前构建高职素质教育体系要解决的主要问题

高职院校科学统筹学生的在校时间，构建全过程、全方位的育人体系，意义重大，影响深远。当前形势下构建高职院校素质教育体系，应着重解决以下主要问题。

### （一）坚持立德树人

2016 年 12 月，习近平在全国高校思想政治工作会议上强调："高校思想政治工作关系高校培养什么样的人、如何培养人以及为谁培养人这个根本问题。要坚持把立德树人作为中心环节，把思想政治工作贯穿教育教学全过程，实现全程育人、全方位育人，努力开创我国高等教育事业发展新局面。"[①]高职院校构建素质教育体系首要任务是以立德树人为根本，坚持党的领导，把牢社会主义办学方向，注重思想政治理论课程与课程思政同向同行，形成育人的协同效应，积极培育和践行社会主义核心价值观，培养社会主义建设者和接班人。

### （二）做好顶层设计

一个科学的素质教育体系，必然建立在对高职院校素质教育实践的总结和理性思考以及理论研究的基础上。现阶段设计好高职院校素质教育体系，既要注重二级院系、职能处室"摸着石头过河"的大胆实践，更重要的是加强学校的统筹安排、顶层设计。"从党的十八大以来党中央对高等教育的要求来看，素质教育的科学内涵应该是：思想政治素质是前提，专业（职业）素质是基本，人文素质

① 习近平在全国高校思想政治工作会议上强调：把思想政治工作贯穿教育教学全过程，开创我国高等教育事业发展新局面[N]. 人民日报，2016-12-09.

是基础，创新创业素质是彰显，身体心理素质是基石。”①这五项素质应有机融合，分时段有重点地有序推进。当然，完善素质教育体系，还需要健全素质教育工作机制；需要创新载体，将适合的素质教育理念抓实抓好并落地；需要加强队伍建设，保障这项工作有人来做，有人能够做好；要开展研究，动态调整，帮助学生更好地成长。

### （三）解决第一、第二课堂有机融通的问题

客观而言，高职院校各个部门在所属工作范围内开展了很好的素质教育，但是由于学校按照部门进行线性管理，使得各自为政的现象在学生素质教育中依然存在，突出表现在第一、第二课堂的素质教育不能够很好地衔接。构建完善的素质教育体系，首先要开展调研。即以学生优质就业为诉求，找准学校素质教育的焦点与学生岗位素质要求的焦点，形成贯穿大一、大二、大三的在校生调研和毕业生发展调研、行业用人满意度调研等学生调研的科学化、常规化制度，更好地把握人才培养效果，掌握学生成长成才的规律，总结归纳出不同专业的核心素质，以及与这些素质直接相关的课程、实践环节，理顺从始业教育到毕业教育全过程的素质教育的重要时间节点，保证素质教育从第一课堂向第二课堂延伸，提高素质教育成效。

### （四）建立科学的考核评价制度

科学完备的考评制度是做好工作的重要保障。建立促进第一、第二课堂融通的考核制度，将素质教育融入专业人才培养方案，衔接第一、第二课堂，强化素质教育的整体效应。一般而言，推行学生素质养成学分制度，开发融入素质养成学分的人才培养方案，推动素质教育要求与专业教学标准的结合，是实现素质教育定性评价与定量评价相结合的重要路径。当然，随着智慧校园建设的推进，信息化手段也可以用来辅助考核，开发素质教育类 App 就是一个很好的选择。

### （五）加强劳动教育

“劳动是指人们为了满足自身物质和精神生活的需要以及实现自身全面发展所进行的有目的的活动。”②劳动是人类生存和发展的必要条件。“劳动教育

---

① 周建松．基于高质量发展的高职院校素质教育[J]．中国高等教育，2019(7)：57-59．

② 赵伟．试论劳动、劳动教育和职业教育的关系[J]．中国高教研究，2019(11)：103-108．

是全面贯彻党的教育方针的基本要求，是实施素质教育的重要内容。”①劳动教育能够帮助学生端正学习态度、认真学习专业知识，并在就业、创业过程中更加务实和理性。2018 年起，“00 后”开始步入大学，在大学生中开展劳动教育显得更为重要。培养高素质技术技能型人才是高职院校的重要使命，劳动生产是技术技能产生的源泉，开展劳动教育、培育劳动精神是高职素质教育的重要内容。高职院校要坚持“五育并举”方针，落实立德树人根本任务，加强劳动教育，以劳树德、以劳增智、以劳强体、以劳育美，坚持工学结合、知行合一。通过劳动教育培养学生正确的劳动观念、习惯和精神，使其了解和懂得生产技术知识，掌握生活和劳动技能。习近平总书记在全国教育大会上强调：“培养德智体美劳全面发展的社会主义建设者和接班人”，“要在学生中弘扬劳动精神，教育引导学生崇尚劳动、尊重劳动，懂得劳动最光荣、劳动最崇高、劳动最伟大、劳动最美丽的道理，长大后能够辛勤劳动、诚实劳动、创造性劳动”。② 这些重要论述，为高职院校新时代素质教育指明方向：一些高职院校沿用“劳动周”的做法（即每个学期每个班级值周一个星期，进行校园保洁等劳动），一些高职院校组织开展校外劳动，一些高职院校组织开展带有劳动性质的社会实践活动。“职业教育培养的是面向生产一线从事专业劳动、专业生产的技术技能人才，包括实体经济中生产物质资料的技术技能人才，也包括服务业中提供生产性服务和生活性服务的技术技能人才。因此，职业教育的劳动教育要与生产实践和专业发展结合起来。”③

### (六)做好扩招学生的素质教育

扩招的 100 万学生与接受高中阶段教育考入高职院校的学生不同。他们中的很多人可能具有工作经历，是“手艺人”，三年后的工作能力可能不亚于接受高中阶段教育升入高职院校的学生。对于这 100 万学生而言，更多的期望是通过高等职业教育，拓宽知识面，提升能力，提高素质，优质就业。针对扩招学生实施素质教育，既要用好现有素质教育资源，让他们能够参与到学校的素质教育中，在校园文化活动中受到大学文化的浸润和职业文化的熏陶，也要分析这些学生的情况，有针对性地设计素质教育载体，起到扬长补短的作用；既要让扩招学生作为参与者接受教育，也要让他们作为教育者，发挥自己的长处，做好对其他同

---

① 周秀平. 劳动教育就是素质教育[N]. 中国教育报，2018-11-09.

② 习近平：坚持中国特色社会主义教育发展道路 培养德智体美劳全面发展的社会主义建设者和接班人[EB/OL].（2018-09-11）[2019-05-30]. http://edu. people. com. cn/n1/2018/0911/c1053-30286253. html.

③ 赵伟. 试论劳动、劳动教育和职业教育的关系[J]. 中国高教研究，2019(11)：103-108.

学的教育引导工作。例如，引导以退役军人身份入学的学生担任学生军训教官，参与组织开展学生军训，发挥其优势，锻炼其能力；发掘参与新冠肺炎疫情防控的退役军人、下岗职工、农民工的先进事迹，既给予表彰肯定，又用其事迹教育其他学生，一举两得。

## 三、高职院校素质教育体系的构建

构建适合本校特点的素质教育体系，必然是一个长期实践并在实践中不断完善的过程。浙江金融职业学院于2007年提出并实施学生“千日成长”工程，构建并不断完善学生素质教育体系。主要做法介绍如下。

### （一）注重顶层设计，学校规划指导

面对素质教育教学存在的问题，浙江金融职业学院进行机制革新，做好顶层设计。强调素质教育是高职院校的重要社会责任，健全学校素质教育协同管理机制，突破素质教育管理中各自为政、条块分割等难题，出台了推进素质教育的系列规章制度，系统设计、科学规划素质教育实施路径，构建基于学生成长全过程的素质教育课程体系，推进全课程育人，鼓励教师投身素质教育一线，为素质教育与专业教学的有效融合提供机制保障，形成素质教育的合力。

面向全体学生，强化素质教育体系的顶层设计和平台支撑，以思想政治教育为经线，以突出职教特点、结合专业特色的职业素质教育为纬线，确立了大一整体实施人文素质教育、大二重点以专业群为单位开展专业教学、大三面向行业开展个性化“订单培养”的人才培养格局；搭建了以人文素养公共基础课程、专业群基础课程和订单课程为主的素质教育课程载体，以及以明理学院、银领学院、淑女学院、国际交流学院、笃行创新创业教育学院等特色素质教育机构为主的实施载体，将学生素质教育、金融职业素质养成与专业教育有机融合，调动了全体教师参与，整合了校内外的素质教育资源。

开展人才培养调研，将有效沟通、服务他人等专业素质培养与公共课程、专业基础课程、实践环节紧密结合，设计学生“千日成长”指南，开展“千日成长”记录，向全体新生发放《新生入门指南》《学习生活指南》，使素质教育得以贯穿学校教育始终和各个领域。通过建立与学生第二课堂的内在联系，保证素质教育从第一课堂向第二课堂延伸，提高了素质教育成效。“千日成长”工程融合第二、第三课堂，通过丰富多彩的系列实践活动助推学生健康成长。

进行规范量化，明确素质教育标准与要求。设置了以思想引领、社会实践、创新创业等为主要内容的素质养成学分，并纳入各专业人才培养方案，作为学生

毕业的必备条件；开发学生“千日成长”暨素质养成学分管理App，建立数字化的学生“千日成长”记录，支撑了针对整体学生成长轨迹和个性成长特点的大数据分析，并实现了社会实践、学生竞赛等素质养成学分与课程学分的互认，强化了素质养成学分的管理与考核，保证素质教育要求与要素体现在专业人才培养过程与效果评价上。将素质养成学分融入人才培养方案，推动了素质教育要求与专业教学标准的结合，解决了素质教育考核与专业教学评价脱节、素质教育效果弱化的问题。

### (二)深化二级管理，院系组织推动

高职院校学生素质教育的经线是学生的思想政治教育，纬线是学生的职业能力和职业素质培育。学校创设覆盖全体学生的素质教育平台，设置了全国高职院校首家马克思主义学院，强化了思想政治素养教育，创设了开展一年级人文素质教育的明理学院、开展职业素养教育的银领学院和开展女生教育的淑女学院，以分段和分类培养为特色，既有其各自独特的素质教育指向和培养重心，又彼此呼应，相辅相成，形成了多元开放的办学平台。通过教育引导，学生的理想信念、感恩意识、责任意识普遍增强。

在细化管理的同时，各二级学院不断深化育人工作，形成了各自的品牌。金融管理学院的“党建引领　朋辈育人”项目，投资保险学院的“天生我cai”实践育人项目，会计学院的“金手指、金钥匙、金名片、金礼仪、金体班”项目，国际商学院的“三创六育”工程，信息与互联网金融学院的“E路成长‘135’”工程，人文艺术学院的“回归优秀文化 弘扬国学经典”项目，银领学院的“银领启航——职业素质提升”项目，均取得了良好的育人成效。

### (三)满足个性需求，学生主动参与

学校每年在新生入校后，都会通过摸底建立特长生人才库，努力让每个有特长的学生都有展示和表现的机会。在校园文化活动开展前期，以菜单的形式列出活动清单，征求学生意见。每年的“爱生节”，学校都会组织召开不同层面的学生座谈会，广泛收集意见和建议，有针对性地解决。以上措施满足了学生的个性化需求，赢得了学生的主动参与。

### (四)倡导爱生情怀，教师悉心辅导

在学校党委倡导下，党员干部结对学生寝室，全体教师积极做好毕业生的就业指导，以及心理上有困惑、学习和经济上有困难学生的帮扶工作。创设全国高

校第一个“爱生节”，全体教师参加与学生的零距离交流活动。组织总支书记“说系情”、辅导员“说学情”、班主任“说班情”活动，开展育人论文、工作案例征集评比活动，进一步增强班主任、辅导员的工作责任感。

### （五）推进协同育人，社会合作互动

以“百名校友上讲台、百名校友话人生、百名教师进企业、千名学子访校友、千名校友回课堂”活动为载体，深入推进校友文化育人，聘请优秀校友担任学生的成长导师，助推学生成长，加强校友的协同育人工作。

组织开展班主任电话家访活动，并邀请学生家长参加学生的开学典礼、毕业典礼及大型文化活动，见证学生的成长。

“实践、认识、再实践、再认识，这种形式，循环往复以至无穷，而实践和认识之每一循环的内容，都比较地进到了高一级的程度。”①高职院校学生素质教育也必然是一个“实践、认识、再实践、再认识”的过程，随着认识、实践的不断深化，高职院校学生素质教育体系将更加完善。

## 第二节　高职院校学生素质教育工作体系的建设与实践

2006 年，浙江金融职业学院成功入选国家首批示范性高职院校建设单位。为更好创新育人工作，2007 年，学校以学生三年在校 1000 天为主线，设计实施“千日成长”工程，并以该工程统领育人工作，在会计系试点的基础上，于 2010 年完成方案设计并面向全校推广实施。

“千日成长”工程以“行业、校友、集团共生态”办学模式改革为统领，以“品德优化，专业深化，能力强化，形象美化”为内容，统筹规划学生成长成才途径，切实加强学生的文化知识学习和思想品德修养，不断提高学生的创新思维和社会实践能力，注重学生的全面发展和个性发展，通过创新机制和载体，将学生培养成为既能面向基层一线，又具备可持续发展能力的高素质应用型人才。该工程的主要任务是动员老师、家庭、校友、行业、企业和社会各方面的力量，形成齐抓共管的机制，将学生党建、团学组织、学生骨干队伍建设和社团、订单培养等环节融入其中，真正形成立体化育人工作体系。

10 多年来，学校不断探索完善，形成了“党委统一领导、党政齐抓共管、基层

---

① 毛泽东选集(第 1 卷)[M]. 北京：人民出版社，1991：296-297.

积极组织、师生自觉实践"的育人工作格局,培养了一大批"行业操守好、岗位适应快、动手能力强"的学生。

## 一、主要创新做法

### (一)注重顶层设计,学校规划指导

1.科学谋划,创新育人载体

在积极探索高职教育办学规律的实践中,学校党委针对高职学生群体的普遍特点,明确提出:高职教育既要抓教学,也要抓学生管理,更需要立体化育人体系作支撑。学生在校3年的规划为:一年级"金院学子",突出学业规划,强调懂做人;二年级"院系学友",突出职业方向,强调精专业;三年级"行业学徒",注重实践能力,强调会做事。这种兼顾德能、积"小成"为"大成"的架构既为广大师生所接受,也为家长和社会所认可,成为学校人才培养的有力抓手。

2.完善制度,确保工作落实

学校先后出台《关于全面实施"千日成长"工程,切实提升人才培养质量的若干意见》《学生"千日成长"工程实施方案》《推进全课程育人的若干意见》《课外教育实施方案》等文件,明确育人目标、工作职责、实施路径等;各二级学院(专业)制定《千日成长指南》,提出考核办法,确保育人工作顺利开展并取得实效。

3.部门协同,各方合力推进

学校成立以党委书记为组长,教务、学生、计财、招生就业、科研师资等处室负责人和各二级学院党总支书记为成员的领导小组,强化对"千日成长"工程的有力领导和多方支持。教学部门从专业建设、课程改革着手,培养学生的职业能力和职业道德;其他部门通过第二课堂引导学生主动锻炼、第三课堂引导学生主动实践,培养德能兼备的人才。

### (二)注重启迪学生,思想政治教育贯穿学生管理全过程

1.以理想信念教育贯穿"千日成长"始终

"千日成长"工程的主线是学生综合素质提升,其核心是过硬的思想素质和坚定的理想信念。学校充分发挥思想政治理论课主阵地、主渠道作用,实施"多个教师上好一门课"的专题组式教学改革,开展"新闻速递与时事点评""精彩三分钟"等课堂创新活动;依托明理学院,教育学生明法理、明德理、明事理、明学理、明情理,学生树立了理想信念,感恩意识、责任意识、综合素质普遍提升。

2.以“四化”引领学生全面发展

“品德优化、专业深化、能力强化、形象美化”是“千日成长”工程的目标导向。据此，学校每学期都安排好学生课余时间的主题活动。例如，在“品德优化”篇中，紧扣金融特点，从职业素养和人生品格的交叉点入手，广泛开展诚信教育，设置诚信图书角、发布诚信指数；在“形象美化”篇中，组织开展学生党员“亮牌示范”活动，让学生党员亮身份、做表率、树形象。

3.以丰富的实践活动助推学生健康成长

每年开展创新创业、专业学科、职业技能、文艺体育等四类竞赛百余项，提升学生竞争力和创新力；树立“五百榜样”，即百名实践先锋、百名学习标兵、百名团学骨干、百名技能尖子、百名文体之星，引领学生向身边的标杆看齐；办好千名学生写万封书信、千名学生评万象风云、千名学生传万句箴言、千名学生访万名校友、千名学生读万卷书、千名学生行万里路等 6 项“千万活动”，丰富学生人生阅历，践行知行合一的高职育人理念。

### （三）院系组织推动，班级具体实施

学生“千日成长”工程的经线是学生的思想政治教育，纬线是学生的职业能力和职业素质培育。各二级学院在细化管理的同时，不断深化育人工作，形成了各自的特色品牌。

学校十分注重发挥班级的基础作用。一是引导班级建章立制，着力打造富有自身特色的班级文化；二是注重对班干部的培训，充分发挥学生干部的模范带头作用；三是鼓励班级承办校园文化活动及组织开展社会实践活动，提升班级凝聚力；四是通过学风示范班、先进班集体评选，全方位展示班级形象，强化班级集体荣誉感。

### （四）创设分层分类工作平台，科学系统开展学生教育

学校根据不同学生、不同年级的特点，分层分类搭建工作平台，积极实施学生“千日成长”工程。创设了开展一年级学生人文素质教育的明理学院，以培养“金院学子”为阶段目标，通过开设“明理人生通论”“学习生活指导”“职业生涯规划指导”“心理健康教育指导”等课程以及明理实践活动，突出学业生涯规划，增强学生的感恩意识和责任意识。

创设了开展三年级学生职业素养教育的银领学院，以培养“行业学徒”为阶段目标，通过每年对即将升入大三年级的 800～1000 名进入银行类订单班的学生进行教育管理，注重实践能力、创业意识的培养，提高学生的就业能力和创业能力。

创设了开展女生教育管理的淑女学院，以培育女生内在修养、气质形象、才情才干为重点，围绕美德、美心、美智、美仪、美艺“五美”素质要求，着力提升女生自主发展、个性发展、特长发展、全面发展、和谐发展“五发展”综合能力，使她们能够正确认识和把握自身角色，成长为职场成功、家庭幸福、社会欢迎的现代职业女性。

### (五)注重教师引导，切实推动全员参与学生管理

1. 树立“关爱学生进步、关注学生困难、关心学生就业”的工作理念

学生的“千日成长”有赖于全体教师的努力，为此，学校党委大力倡导教职员工坚持以生为本，切实把解决学生实际问题、促进学生成长成才摆在突出位置。要求每个校领导联系浙江1～2个地市为学生找岗位，每个中层以上干部至少资助或帮助1名经济上或学习上有困难的学生；在各学院设立心理联络员，在各班级设立学生心理委员，完善由专兼教师、管理干部、医务人员、学生干部组成的“四结合”心理健康教育咨询队伍，有效开展心理疏导；2008年，创设全国高校第一个“爱生节”，全体教师参加与学生的零距离交流活动，解决学生深层次思想问题。

2. 严格任职考核要求

学校将“学工履历”作为青年教师任职的必备条件，鼓励教师投身一线育人工作；将担任班主任作为教师专业技术职务评审的重要依据，在干部考核选拔中强调“提前学中来，提后学中去”；开展总支书记“说系情”、辅导员“说学情”、班主任“说班情”活动，促进思想政治工作队伍针对学情有的放矢地开展工作；要求全体教师参加师德教风提升工程，牢记责任和使命，践行教书育人、管理育人、服务育人。

3. 发挥校友育人功效

以“百名校友上讲台、百名校友话人生、百名教师进企业、千名学子访校友、千名校友回课堂”活动为载体，深入推进校友文化育人，加快“双师型”教师团队建设，助推学生的成长和校园文化传承。

## 二、取得的成效

### (一)促进学生成才

经过12学年(2007—2019年，后同)的探索与实践，以“千日成长”工程为核心的育人工作体系直接受益学生近3万人，共有716人次在学生竞赛项目中获得省级一等以上奖项，2014—2019年保持了年均40%的增速。学生就业率连续

12 年保持在 97%以上，2014 年跻身全国高校毕业生就业工作 50 强；毕业生对母校的满意度为 97%，对母校的推荐率为 84%，大大高于全国示范性高职院校。培养了 2 名浙江省“十佳大学生”，位居浙江省同类院校首位，1 名学生成为浙江省第十三次党代会代表，1 名学生获得共青团中央首届“践行工匠精神先进个人”荣誉称号。

### (二)引领教师发展

以“千日成长”工程为核心的育人工作体系提升了团队核心成员教学改革与管理能力：入选教育部项目 2 个，主持省部级科研项目 9 项，获得浙江省教学成果奖、全国金融职业教育教学指导委员会教学成果奖一等奖等荣誉 76 人次。指导学生获奖的指导老师人数从 2007 年的 16 人递增到 2019 年的 256 人。教师在教育类 18 种、职业教育类 4 种中文核心期刊发表论文分别连续 12 年、3 年(2016—2019 年)位列全国高职院校第一。

### (三)形成理论成果

出版相关著作 24 部，在《中国高教研究》《中国高等教育》等教育类核心期刊发表学术论文 70 余篇；厅级以上研究课题立项数达 20 项，形成面向在校生及企业用人满意度的调研报告 21 篇，3 个调研项目获得了省级及厅级奖励。

### (四)彰显引领作用

2012 年，“千日成长”工程入选浙江省高校教书育人典型案例；2014 年，“千日成长”工程入选《中国高等职业教育质量年度报告》；2018 年，“千日成长”工程荣获全国金融专业学位研究生教育指导委员会教学成果一等奖。“千日成长”工程还获得教育部职业院校文化素质教育指导委员会、中国职业技术教育学会人文素质教育研究会、中国高教学会高职素质教育工作委员会等组织评选的项目特等奖或一等奖 4 项。10 余年来，“千日成长”工程的成果经验被来校学习的 50 余所院校借鉴、引入并应用，总共接待了 3000 多人次的考察，为兄弟院校育人工作提供了可参考借鉴的样本。学生处作为中国高教学会高职素质教育工作委员会秘书长单位和中国职教学会高职德育研究中心秘书长单位，每年举办全国高职院校素质教育年会和立德树人研讨会各 1 次，在服务战线的同时，更好地宣传了“千日成长”工程。

### (五)获得媒体关注

以“千日成长”工程为核心的育人工作体系的主要经验与成效被《光明日报》《中国教育报》《中国青年报》等重要媒体报道20余次,广受社会与高职教育界关注与好评。

### (六)应用前景广阔

学校育人工作体系将进一步完善学生职业发展核心素养标准开发工作,将带动形成学生素质发展现状研究、行业职业素质需求报告等系列研究成果。经验已被成功引入新疆、青海、内蒙古、河南等7省区的26所院校,并将向更多的高职院校输出可供借鉴的样本。

## 第三节 高职院校文化育人体系的建设与实践

高等院校有人才培养、科学研究、社会服务和文化传承四大功能。人才培养和文化传承是高等学校的本质属性。在2018年全国宣传思想工作会议上,习近平强调:“做好新形势下宣传思想工作,必须自觉承担起举旗帜、聚民心、育新人、兴文化、展形象的使命任务。”[①]兴文化,即建设社会主义文化强国。在全国高校思想政治工作会议上,习近平指出:“要更加注重以文化人、以文育人,广泛开展文明校园创建,开展形式多样、健康向上、格调高雅的校园文化活动。”[②]“文化育人是高等教育进入深度发展阶段的必然选择,是高等学校实现人才培养目标的必然要求,在人才培养全过程中发挥着重要的作用。文化育人是学生发展的根本需求,是文明养成的必要途径,更是人才培养的重要着力点。”[③]创建文化校园,构建文化育人体系,加强校园文化建设,以文化人、以文育人,是高职院校加强思想政治教育的必要工作和重要工作。

### 一、高职院校开展文化育人的必要性

2018年,习近平在北京大学师生座谈会上指出:“要把立德树人的成效作为

---

① 习近平:举旗帜聚民心育新人兴文化展形象 更好完成新形势下宣传思想工作使命任务[N].人民日报,2018-08-23.

② 习近平.在全国高校思想政治工作会议上的讲话[N].人民日报,2016-12-09.

③ 蔺伟,苟曼莉.高校文化育人的工作原则和实现途径[J].中国高等教育,2017(2):37-39.

检验学校一切工作的根本标准，真正做到以文化人、以德育人，不断提高学生思想水平、政治觉悟、道德品质、文化素养，做到明大德、守公德、严私德。"①

## （一）高职院校的文化育人

### 1. 文化及其本质

关于文化的含义，人类学家怀特从生物属性和社会属性的角度进行了区分，认为"文化的重要特征之一在于，它是通过社会机制而不是通过生物学方法传递的，是以社会遗传方式进行的超生物、超肉体的传递"②。亨廷顿给出了描述性的定义："文化是指人类生产或创造的，而后传给其他人，特别是传给下一代人的每一件物品、习惯、观念、制度、思维模式和行为模式。"③"我们现在使用的'文化'一词，最早起源于拉丁语中的 cultura，原意是'耕作、驯养、种植'等，意指人对自然物的加工和改良，包含着人类通过自身努力而摆脱自然状态的意义。在中国文化中，'人文'既与'天文'相对，又与'武'相对，'人文化成''文治教化'，其含义就是指人的修养和行为养成的过程。"④《现代汉语词典》释文化为："人类在社会历史发展过程中所创造的物质财富和精神财富的总和，特指精神财富，如文学、艺术、教育、科学等。"⑤毛泽东同志说："一定的文化是一定社会的政治和经济在观念形态上的反映。"⑥教育家梁漱溟把文化的特性（文化对人的影响）直接概括为："文化并非别的，乃是人类生活的样法"，"生活上抽象的样法是文化"。⑦"文化的本质可以说是'人化'和'化人'。'人化'，即人按照自己的方式改变、改造世界，使任何事物都带上人文的性质。也就是说，文化是人化的自然，凡是被人染指的都是文化。'化人'是用这些改造世界的成果来培养人、武装人、提高人，使人的发展更全面、更自由、更深刻。文化是'人化'和'化人'的统一，它既是名词，更是动词。"⑧

---

① 习近平. 在北京大学师生座谈会上的讲话[N]. 人民日报，2018-05-03.

② 怀特. 文化科学：人和文明的研究[M]. 曹锦清，等译. 杭州：浙江人民出版社，1988.

③ 塞缪尔·亨廷顿，劳伦斯·哈里森. 文化的重要作用：价值观如何影响人类进步[M]. 程克雄，译. 北京：新华出版社，2010：8-9.

④ 李春华. 文化的"化人"与思政的"育人"[J]. 马克思主义研究，2012(9)：138-144.

⑤ 中国社会科学院语言研究所词典编辑室. 现代汉语词典(第 7 版)[Z]. 北京：商务印书馆，2016：1371-1372.

⑥ 毛泽东选集(第 2 卷)[M]. 北京：人民出版社，1991：694.

⑦ 梁漱溟. 梁漱溟全集(第 1 卷)[M]. 济南：山东人民出版社，1989：380-381.

⑧ 刘献君. 论文化育人[J]. 高等教育研究，2013(2)：1-8.

2. 大学文化及文化育人

“大学文化是一种追求真理、崇尚学术、严谨求实的文化，是一所大学赖以生存、发展的重要根基和血脉，也是大学间相互区别的重要标志和特征。”①作为社会文化组成部分的大学文化在具有文化普遍性特征的同时，也有其固有的特殊性，这个特征就是育人。2002 年，时任教育部副部长袁贵仁指出：“大学是通过文化培养人才的；所谓教书育人、管理育人，服务育人、环境育人，说到底都是文化育人。”②大学文化建设者是“人”，受教育者是“人”；继承者是“人”，创新者是“人”。大学文化发展是外化与内化、“人化”和“化人”的辩证统一过程。大学育人的主要途径有三个：一是思想政治理论课程和课程思政的有机融合；二是日常思想政治教育；三是文化育人。三个途径中，思想政治理论课程、课程思政、日常思想政治教育的显性教育功能较为突出，文化育人的隐性教育功能较为突出。大学文化育人具有导向功能、激励功能和价值认同功能，往往发挥着一种春风化雨、润物无声、潜移默化的教育作用。大学开展文化育人的工作目标是培养社会主义合格建设者和可靠接班人。大学文化可以分为精神文化、制度文化、行为文化和物质文化等不同的类型。应该说，经过多年的发展，高校在文化建设和文化育人工作上取得了较大的成绩。但是同时我们也要看到，大学的文化育人工作还存在一些问题。“如学生未能充分融入校园文化环境、高校文化活动零散繁杂、文化育人内涵存在局限等，在一定程度上限制了高校文化育人的实效。”③笔者认为，大学的文化育人工作存在的主要问题有：重视科学研究、教学工作，忽视文化建设；重学生的知识、能力提升，忽视对学生的思想政治教育；重视思想政治理论课程和日常思想政治教育等显性的思想政治教育模式，忽视通过文化熏陶潜移默化地开展学生的思想政治教育的隐性思想政治教育模式；重视共性思想政治教育，忽视个性思想政治教育。

3. 高职院校文化育人工作

作为高等教育重要组成部分的高等职业院校，其文化建设伴随着高职院校的发展而向前推进，大体上经历了高职院校升格初期的母体学校原有文化的延续阶段，发展过程中的本科高校文化模仿、与原有文化的整合阶段，高职扩招外延式大发展时期的消化、内化阶段，以及目前高职院校进入内涵式发展的质量提升阶段。客观而言，因为办学时间短，较之本科高校，高职院校的文化建设还有

① 韩延明. 强化大学文化育人功能[J]. 教育研究，2009(4)：89-93.

② 袁贵仁. 加强大学文化研究 推进大学文化建设[J]. 中国大学教学，2002(10)：4-5.

③ 阴浩. 基于文化自觉视野下高校文化育人实施路径[J]. 中国高等教育，2019(21)：51.

较大的提升空间。作为职业教育重要组成部分的高等职业院校，在校园文化建设中应更注重行业企业文化的有机融入，更注重工匠精神的培育。高职院校的文化育人工作存在的问题有：注重学生的知识、技能训练，忽视对学生的素质教育尤其是思想政治教育；重视对学生的刚性管理，忽视对学生的人文关怀；强调教育的管理功能，忽视学生发展内在动力的调动和发展潜力的挖掘。

### （二）高职院校文化育人的必要性

文化是民族的血脉，是人民的精神家园。“所谓文化即‘人化’，是指人按照其特有的方式去改变环境、改造自然，使世界上的物质打上人的烙印，使纯粹的自然物带有人文的特征。也就是说，凡是被称为文化的东西，都必须是人类创造的。”①人创造了文化，文化则培养人、塑造人。当然，我们要认识到，“文化有先进与落后、积极与消极、健康与腐朽之分，不同的文化对人产生不同的影响，即会‘化’出不同的人。因而，文化‘化人’具有不同的方向性。一般来说，积极进步的文化与‘人本性’的目的是一致的，而消极落后的文化常常会偏离‘人本性’的目的，甚至出现‘异化’的现象”。“在对人发生作用的方式上，文化的‘化人’是不自觉的、潜移默化的，其对人们的思想和行为的影响，往往带有自发性和不确定性。”“文化可以把人‘化’得高雅，也可以把人‘化’得低俗；可以使人崇高，也可以使人渺小。”②正因为如此，我们才要高度重视文化建设。习近平总书记指出，“文化的力量，或者我们称之为构成综合竞争力的文化软实力，总是‘润物细无声’地融入经济力量、政治力量、社会力量之中，成为经济发展的‘助推器’、政治文明的‘导航灯’、社会和谐的‘黏合剂’”，“要化解人与自然、人与人、人与社会的各种矛盾，必须依靠文化的熏陶、教化、激励作用，发挥先进文化的凝聚、润滑、整合作用”。③ “当前我国文化建设中的先进文化‘化人’，就是用社会主义核心价值体系引领文化建设。”④

“高校作为文化传承创新的重要阵地，要以高度的文化自觉意识和使命感担负起文化育人的责任。”⑤高校文化是社会主义文化的重要组成部分。高校文化要认同社会主义主流文化，同时要突出高等教育特点、突出校园特色，建设优秀的大学文化。大学文化最基本的功能之一是文化育人。“文化育人是指在文化

---

① 李春华．文化的“化人”与思政的“育人”[J]．马克思主义研究，2012(9)：138-144.

② 李春华．文化的“化人”与思政的“育人”[J]．马克思主义研究，2012(9)：138-144.

③ 习近平．之江新语[M]．杭州：浙江人民出版社，2013：149.

④ 李春华．文化的“化人”与思政的“育人”[J]．马克思主义研究，2012(9)：138-144.

⑤ 阴浩．基于文化自觉视野下高校文化育人实施路径[J]．中国高等教育，2019(21)：51.

传承与创新的过程中，引导人们进行正确的文化选择，使社会文化转化为个体文化，从而实现人的自我完善与自我超越的过程。”①文化育人是一项隐性的思想政治教育活动，同时，思想政治教育过程也是“文化化人”的过程。“思想政治教育是政治、经济、社会发展的重要手段，同时又是促进人的文化自觉、精神生长和安身立命之本。思想政治教育强调人的发展尤其是人的精神世界的发展，积极容纳贯通人类不同历史时期和不同民族积累的优秀文化精神和成果，丰富和提升人的精神需要，触动人的心灵，通过人的情感和意志促进文化精神的传播和价值意蕴的生成，从而促使文化精神内化为个体的本质力量，外化为驾驭外部世界的才能。”②“文化育人是高等教育进入深度发展阶段的必然选择，是高等学校实现人才培养目标的必然要求，在人才培养全过程中发挥着重要的作用。文化育人是学生发展的根本需求，是文明养成的必要途径，更是人才培养的重要着力点。”“应大力推进文化育人，帮助学生形成积极的人文精神、求真的科学精神和开拓的创新精神，使其内化到个人灵魂深处，凝结成个体精神气质，从而提高人才培养的文化层次、思想境界和精神品位。”③高等职业教育的目标是培养高端技能型专门人才，做好文化育人工作是实现高职院校人才培养目标的重要途径之一。

## 二、高职院校文化育人体系构建

党的十九大报告指出：“必须坚持马克思主义，牢固树立共产主义远大理想和中国特色社会主义共同理想，培育和践行社会主义核心价值观，不断增强意识形态领域主导权和话语权，推动中华优秀传统文化创造性转化、创新性发展，继承革命文化，发展社会主义先进文化，不忘本来、吸收外来、面向未来，更好构筑中国精神、中国价值、中国力量，为人民提供精神指引。”④在高职院校开展文化育人工作，重要的是遵循文化建设规律，注重高等教育和职业教育规律，突出校园文化特色，构建高职院校文化育人体系。

### （一）提高站位，突出政治性

《中共中央关于加强党的政治建设的意见》强调：“党的十九大明确提出党的

---

① 刘献君. 论文化育人[J]. 高等教育研究，2013(2)：1-8.

② 张想明，杨红梅. 论思想政治教育的政治性、科学性、文化性及其关系[J]. 前沿，2013(1)：27-30.

③ 蔺伟，苟曼莉. 高校文化育人的工作原则和实现途径[J]. 中国高等教育，2017(2)：37-39.

④ 习近平. 决胜全面建成小康社会 夺取新时代中国特色社会主义伟大胜利：在中国共产党第十九次全国代表大会上的报告[N]. 光明日报，2017-10-28.

政治建设这个重大命题，强调党的政治建设是党的根本性建设，要把党的政治建设摆在首位，以党的政治建设为统领全面推进党的各项建设。”①“党的政治建设是党的根本性建设，决定党的建设方向和效果，事关统揽推进伟大斗争、伟大工程、伟大事业、伟大梦想。”②党的政治建设，是党的建设的重要举措，事关全面加强党的领导和加强党的全面领导，事关“两个一百年”奋斗目标的如期实现，事关中华民族伟大复兴的中国梦。要以政治建设为统领，做好文化宣传工作。

1. 把准政治方向，着眼人心向背，做实意识形态工作

意识形态关乎旗帜、关乎道路、关乎国家政治安全。意识形态工作是党和国家工作的重要组成部分。习近平总书记在党的十九大报告中指出，要“牢牢掌握意识形态工作领导权”，“建设具有强大凝聚力和引领力的社会主义意识形态”。③ 高校承担着培养社会主义建设者和接班人的重要职责，做实意识形态工作，责任重大、使命重大，来不得半点马虎。一是坚持以人民为中心的政治立场。人民立场是中国共产党的根本政治立场，民心向背关乎党的生死存亡。在高校践行以人民为中心的立场，就是要关心好、发展好学生，就是要帮助好、促进好教师发展。各级干部维护了师生的正当利益，各级党组织突出了师生的主体地位，就是明确了政治方向，做实了意识形态工作。二是增强意识形态领域的领导权、主导权和话语权。新时期做好意识形态工作，必须坚持和加强党对意识形态工作的全面领导，把意识形态工作领导权牢牢抓在手里，巩固和发展主流意识形态，不断增强意识形态领域主导权和话语权。意识形态是观念上层建筑，将之落实在工作中，需要加强阵地建设和管理，具体而言，要从讲座、论坛的把关审批做起，从教材的政治审核做起，从对自办报纸、网页、微信、微博的政治审查做起，从教师职务职称晋级晋升的政治审查做起。三是要压实意识形态工作责任制。做好意识形态工作，全体党员人人有责，党的总支、支部书记以及各部门负责人，更要担起主要责任。责任书签署是一个必要的形式，重视、落实是题中应有之义。

2. 坚定政治信仰，着眼凝心聚力，做好思想宣传工作

政治信仰源自理论自信。坚定政治信仰，做好思想宣传工作，必须以习近平新时代中国特色社会主义思想和党的十九大精神为指导，增强“四个意识”、坚定“四个自信”、做到“两个维护”。一是举旗帜，加强学习，以科学的理论武装头脑。做好两级中心组学习，按照学懂、弄通、做实的要求，深化学习教育和宣传阐释工

① 中共中央关于加强党的政治建设的意见[M]. 北京：人民出版社，2019：28.

② 中共中央关于加强党的政治建设的意见[M]. 北京：人民出版社，2019：2.

③ 中国共产党第十九次全国代表大会文件汇编[M]. 北京：人民出版社，2017：33.

作,宣传习近平新时代中国特色社会主义思想,宣传党的十九大会议精神,以科学的理论武装党员、教育群众。二是聚民心,把握导向,唱响主旋律。在高校要唱响共产党好、新中国好、社会主义好,宣传好学校师生的先进事迹,讲好学校师生的故事,凝心聚力,促进发展。三是育新人,坚持立德树人,培育和践行社会主义核心价值观。立德树人是高校的根本任务。提高广大师生思想觉悟、道德水准、文明素养,培育和践行社会主义核心价值观,解决好为谁培养人的问题。培育和践行社会主义核心价值观,通过教育引导、舆论宣传、文化熏陶、实践养成、制度保障等,将其融入校园生活各个方面,体现在日常管理之中,让师生感知她、领悟她;将其贯穿于教师的校园工作中,发挥潜移默化的影响作用,培育良好的师德师风;将其贯穿于学生成长全过程,达到"日用而不知"的程度,帮助学生扣好人生的第一枚扣子。

3.增强政治自觉,着眼以文化人,做活文化建设工作

文化是一个国家、一个民族最持久与最深沉的精神力量。"中国共产党从成立之日起,既是中国先进文化的积极引领者和践行者,又是中华优秀传统文化的忠实传承者和弘扬者"①,是革命文化和社会主义先进文化的创造者。遵循高校特点和育人规律,以高度的政治自觉,弘扬以爱国主义为核心的民族精神和以改革创新为核心的时代精神,弘扬优秀传统文化、革命文化和社会主义先进文化,加强校园文化建设,打造健康向上的文化校园,是高校党委的重要职责之一。建设文化校园,一是组织开展校园文化活动,突出思想政治教育,培养时代新人。结合高校特点弘扬优秀传统文化、革命文化和社会主义先进文化,注重政治性、思想性、教育性。如,开展高雅文化进校园、传统文化艺术专场晚会,以纪念五四运动100周年、纪念中华人民共和国成立70周年等重大节庆日为契机,开展校园文化活动,培育新时代社会主义新人。二是坚持文化自信,突出学校特点,弘扬时代新风。在开展校园文化建设的同时,做好宣传工作,以正确的舆论引导人,以优秀的作品鼓舞人,弘扬时代新风,彰显学校的品牌和影响力。三是建设文化育人体系,突出院校特点,培养职业人才。建设文化景观,设计文化标识,丰富文化产品,开展文化活动,完善文化手册,培育具有高校特色、行业特点的高校学子。

## (二)兼容并蓄,创新发展

一花独放不是春,百花齐放春满园。文化事业繁荣发展的基本方针必然是

① 中国共产党第十九次全国代表大会文件汇编[M].北京:人民出版社,2017:36.

百花齐放、百家争鸣，在继承的同时学习和借鉴外来的优秀文化，在保持政治方向的前提下鼓励创新发展，在注重人文素质提升的同时注重科学精神培育。

1. 学习和借鉴外来的优秀文化

古为今用，洋为中用；吸收外来，为我所有。在批判借鉴中吸收外来文化是增强文化活力的重要途径。在学习借鉴外来文化中，我们要注意两个方面。一是防止唯我独尊，排斥外来。历史证明，我们什么时候闭关锁国了，什么时候就落后挨打。各民族文化没有先进、落后之分，要排斥唯我独尊、唯我独大的思想，尊重其他民族的文化。二是防止全盘西化、全面接受。我们要坚决抵制一些外来的文化糟粕，即便是优秀文化，也要有选择地、批判地吸收。

2. 鼓励文化创新

江泽民同志指出："创新是一个民族进步的灵魂，是一个国家兴旺发达的不竭动力。"①创新是文化大发展大繁荣的不竭动力。鼓励文化创新，主要关注两个方面。第一，实践是文化创新的源泉。毛泽东同志指出："人的正确思想，只能从社会实践中来，只能从社会的生产斗争、阶级斗争和科学实验这三项实践中来。"②实践是人们认识客观世界的途径，是人们改造客观世界的活动。实践是文化创新的源泉，创新的文化推动社会实践发展。第二，交流、交融、吸收借鉴是文化创新的重要途径。不同文化之间相互交流、交融，促进了文化的繁荣。

3. 注重人文素质与科学精神

人文素质与科学精神如鸟之两翼、车之两轮，缺一不可。中国高校的素质教育是以人文素质教育为切入口推进实施的，经过多年的推进，取得了较好的成效。但是我们也要看到，高校的科学精神之培育，还有很多工作要做。回顾20世纪八九十年代，刊载奇闻逸事的小报、杂志多如牛毛，但是随着教育的普及，尤其是人们科学素养的提升，这些奇闻逸事的传播空间日趋狭窄。例如，一个接受过九年义务教育的人可以轻轻松松地指出所谓"法师"的桃木剑斩"妖"于水，"妖怪"出"血"而亡的故事，不过是桃木剑事先抹上了高锰酸钾遇水的化学反应。这就体现了教育尤其是科学精神培育的重要性和必要性。目前，网络上一些打着科学旗号的谣言满天飞，科学精神培育任重而道远。

### （三）突出学校特点，坚持育人为本

学校是培养人才的地方，学校的文化建设应以育人为本。"育人功能是大学

---

① 中共中央文献研究室．十五大以来重要文献选编（上）［M］．北京：人民出版社，2000：419.

② 毛泽东文集（第8卷）［M］．北京：人民出版社，1999：320.

文化的本体功能。培育优秀大学文化，强化大学文化的育人功能，正成为高等教育工作者所关注的核心命题。”①高职院校实现文化育人应注重环境文化建设，在校园文化景观中体现或融入校风、教风、学风、校训，体现行业企业文化、职业文化，以文化环境熏陶人、影响人；加强制度文化建设，通过完善的制度规范，让广大师生接受并执行包括社会习俗、道德规范、行为方式、社会结构、校园规章制度等内容的规则、规矩，做一个优秀的社会公民；加强精神文化建设，充分利用校史、院史、先进师生及校友事迹等，宣传学校的办学传统、育人理念，锻造校园育人文化；加强文化活动建设，在校园活动中增进师生文化体验，强化育人因素；注重新媒体建设，以新媒体宣传文化，做好育人工作；注重文化品牌尤其是育人文化品牌建设，以优秀的文化品牌培育品质学子。

## 三、高职院校文化育人的实践

浙江金融职业学院自建校以来，高度重视校园文化建设的理论研究和实践探索，专门成立了“一会一所一处”(校园文化建设委员会、校园文化研究所、文化建设处)，努力使校园文化建设为学校发展服务，为学生成长成才服务。经过广大师生的共同探索和实践，形成了“三维文化”育人体系，即诚信文化、金融文化、校友文化。以诚信文化高举精神品质之旗，涵养学子优秀品格；以金融文化深植职业能力之根，增进学子职业素养；以校友文化广结合作办学之链，助推学子成才成长。出版《浙水流金——浙江金融职业学院文化育人理论与实践》一书，从理论和实践角度对学校的文化育人工作进行总结，对中国特色、世界一流高职文化育人模式进行了有益探索。

### (一)品牌特色

“三维文化”中的诚信文化和金融文化，先后在 2007 年、2008 年荣获“浙江省高校校园文化品牌”称号；“校友文化”则在 2011 年被教育部授予“全国高校文化建设成果优秀奖”。此外，学校的“创建三维文化，打造魅力校园，培育品质银领”入选全国高职院校校园文化品牌。《光明日报》《中国教育报》《浙江教育报》等权威主流媒体对学校文化育人情况给予大力关注与报道，在社会上引发热议。2010 年 7 月 6 日，时任中共中央政治局委员、国务委员刘延东视察学校，充分肯定学校校园文化育人的思路。刘延东指出：“你们把这个教学和校园文化很好地结合起来，和职业道德教育也结合起来，所以说学生在这个环境里成长有一个很

① 韩延明.强化大学文化育人功能[J].教育研究，2009(4):89-93.

好的文化氛围。"2012 年 6 月 28 日，时任教育部副部长鲁昕在全国职业院校德育创新暨校园文化建设工作座谈会上肯定了学校的校园文化建设特色。

## （二）实践特色

学校围绕诚信文化、金融文化、校友文化这一"三维文化"育人体系，构建多元化活动载体，充分发挥实践育人功效。

1. 诚信文化实践育人特色

在诚信文化育人的教育实践中，举办融诚信因子的多种文化活动，让学生在实践中不断积累对诚信的自我领悟。学校开设"大学生诚信文化理论与实践"课程，开展诚信文化节系列活动，实现诚信教育第一、第二课堂的有机结合；每年入学时给新生寄送诚信读本，报到后签订诚信自律协议，试点诚信档案和诚信考场建设；开展诚信借贷，倡导诚信应聘、毕业时签订诚信就业协议等；开展诚信大讲堂、学生诚信考评、诚信读书、诚信缴费、立诚信公约等代表性活动，实现对学生诚信教育的全过程覆盖。

2. 金融文化实践育人特色

在金融文化育人的教育实践中，开展金融知识讲座、投资理财知识竞赛、股票擂台、技能大赛等专业特色鲜明的活动，打造"808 理财中心"、金苑华尔街、金融财富中心、投资者教育基地（省级基地）等多个专业实践育人基地。同时，面向全校学生开设"现代金融概论"必修课，让所有专业学生了解金融基础知识，培养金融素养，营造金融文化和谐之美。常年开展"手指如飞，我快谁追""每天一小时，成就金手指"等技能训练；依托"一把手技能训练营"、技能擂台赛、技能记录上墙等方式，让学生在"比学赶帮超"中追求卓越；实施课程社团化、社团课程化，拓宽技能内涵，把人际沟通能力、语言表达能力、经济社会发展分析能力等软技能融入人才培养全过程，让全体学生受益。

3. 校友文化实践育人特色

在校友文化育人的教育实践中，校友总会以"关心每一位校友"为理念，秉承"关注母校发展，助推校友成长"的宗旨，遵循"重视成就校友，关心弱势校友，巩固老校友，开拓新校友"的方针，开展了卓有成效的工作，构建起校友总会、市级校友分会、县级校友会和省外校友联谊会组成的校友服务网络体系。校友总会积极组织校友开展捐资助教活动，支持金融教育事业，关心和支持母校发展。创造性地开展"2300"校友文化育人活动，即千名学生访校友、千名校友回课堂、百名校友上讲坛、百名校友话人生、百名教师进企业。学校组织出版了首部校志，

修缮了校史馆，积淀和凝练了办学精神；深入开展面向基层一线的“千名学生访校友”与“百名校友话人生”活动，征集编印“我与金院故事”，密切了师生与校友的情感联系；用“5000个行长同一所母校”激励在校学子刻苦学习、奋发向上；拍摄《学生最喜爱好支书》《金色足迹》等宣传片，打造共同的精神家园，传承金院文脉。学校利用校友资源建立了300余个校外实习基地，使金融学子的毕业实习都能在对口单位进行。通过校友的共同努力和社会各界的支持，富有特色的订单式人才培养方式持续拓展。借助校友力量，实施学校、行业、集团共生态办学，广结合作办学之链。

## （三）育人特色

1. 以生为本，深入人心

本着“一切为了学生、为了学生一切、为了一切学生”的宗旨，2000年，学校提出并构建了以“关爱学生进步、关注学生困难、关心学生就业”为主要内容的“三关”服务体系。2008年，创设全国首个“爱生节”，要求每位校领导联系浙江1～2个地市为学生找岗位，每位中层以上干部至少资助或帮助1名经济或学习上有困难的学生，全体干部教师参加与学生的零距离交流活动。从2011年起，又把“11·23”（谐音“要爱生”）确定为深化“爱生节”活动日。“爱生节”的设立，不仅是发扬“爱生”精神的表征，实践“爱生”理念的外化，更是推动“爱生”行动的延续，10余年来得到了全校师生和广大校友的一致肯定。“爱生节”是一个特殊的节日，它传达的是浙江金融职业学院全体教师和广大校友对学生工作、对人才培养、对立德树人的一份感情、一份责任，更表明学校高举习近平新时代中国特色社会主义思想伟大旗帜，致力于培养中国特色社会主义建设者和接班人的使命担当。十年坚守，十载推进，不断创新，“爱生”已经成为学校全体教职员工的一种文化自觉，成为我国高等职业教育领域极具影响力的文化品牌。

2. 构建体系，助推成长

学校于2007年创造性地构建以学生“千日成长”工程为核心的发展服务型学生工作体系。2012年，该工程入选浙江省高校教书育人典型案例；2013年，学校作为全国唯一高职院校在第22次全国高校党的建设工作会议上做交流；2014年，学生“千日成长”工程入选《中国高等职业教育质量年报》；2017年，学校作为唯一高职院校在浙江省高校思想政治工作会议上做交流；2018年，该工程荣获全国金融行业指导委员会教学成果一等奖；2019年，学校以双第二名的优异成绩进入教育部组织评选的全国职业院校学生管理50强和教学管理50强。

3.关注体验，学生受益

学校以强调“客户体验”这一财经类行业特征为起点，以学生优质就业为诉求，对准学校素质教育的焦点与学生岗位素质要求的焦点，形成了贯穿大一、大二、大三的在校生调研和毕业生发展调研、行业用人满意度调研等学生调研的科学化、常规化制度，更好地把握了人才培养效果，掌握了学生成长成才的规律。

4.第一、第二课堂融通，彰显人才培养特色

围绕“有效沟通”“服务他人”等财经类行业从业人员素质要求，对应开设营销、口才、服务礼仪等学生社团，并通过组织开展“千名学生评万象风云”活动，参加浙江省高校演讲、辩论、礼仪等素质拓展类竞赛的突出成绩和开展“中国西部国际博览会”礼仪服务、“浙江金融理财博览会”金融服务等相应校外实践活动成效予以支撑，加强了第二课堂与第一课堂的衔接，延伸了人才培养的时空，强化了第二课堂活动的针对性，提高了人才培养的成效。

5.创新素质教育载体，整合素质教育资源

学校确立了大一、大二以专业群为单位开展教学，大三面向财经类行业开展个性化“订单培养”的人才培养格局，搭建了以富有财经类专业特点的人文素质与职业素养公共基础课程、专业群基础课程为主的素质教育课程载体和以明理学院等素质教育机构为主的素质教育实施载体，将公民素质教育、金融职业素质养成等有机融合，成为专业教育的有益补充，调动了全体教师参与，整合了素质教育资源。

### (四)成果特色

1.文化育人成果显著

一直以来，学校招生考分均位居全省同类院校前列，吸引了大批优质生源。通过“三维文化”培育，学生品行端正、学业进步、素质提升，毕业率达99%以上，就业率达98%以上，深受用人单位好评，且毕业生在岗位上捷报频传、发展健康，为“行长摇篮”“金融黄埔”不断增添光彩。

2.学校声誉不断美化

学校目前是中国高等职业技术教育研究会会长单位、全国高职教育工作委员会主任委员单位，浙江省高职教育研究会理事长单位、浙江省高职院校党建研究会会长单位，彰显了在全国高职教育界的良好声誉。

3.学校品牌发展顺利

学校践行特色鲜明、人民满意、师生幸福的办学宗旨，积极构建行业、校友、

集团共生态办学模式，全面推进高品质幸福金院建设，先后获得全国职业教育先进单位、浙江省劳动模范集体等诸多荣誉，入选全国高等教育就业竞争力50强、全国职业院校学生管理50强和教学管理50强，学校教师在各类教学、科研评比中频频获奖，进一步丰富和提升了学校品牌，彰显了中国高等职业教育的魅力。

## （五）创新特色

学校以文化引领发展为目标，以浙江省高校文化校园建设项目为载体，以诚信校园、精神家园、成长名园为主题，夯实诚信文化、校友文化、金融文化"三维文化"育人底色，构建校院二级的文化品牌体系，弘扬以德立人、以业育人、以文化人的校园文化。2008年，学院率先提出高职文化育人的命题，并发起召开全国首届高职教育文化建设和可持续发展论坛。2010年至今，学校已连续十年举办高职教育文化建设和可持续发展论坛，吸引了全国多家高职院校积极参与。学校在校庆日（每年11月第1周周六）、"爱生节"（每年5月23日）、深化"爱生节"活动日（每年11月23日）的基础上进一步完善开学典礼日（每年9月19日）、毕业典礼日（每年6月6日）等程序性文化，编写出版文化育人系列丛书，对学校文化育人工作进行了提炼与总结。学校入选浙江省首批高校文化校园建设单位和首批国家职业院校文化素质教育基地建设单位，淑女教育荣获中华传统美德文化教育品牌。为服务国家"一带一路"建设，学校积极推进"专业＋语言＋国别研究"国际化应用人才培养模式，成立捷克研究中心并获得教育部登记备案，在提升国际影响中铸就文化标杆。

# 第三章

## 抓好意识形态工作，<br>掌握思想政治工作的主导权

习近平总书记在2013年8月19日全国宣传思想工作会议上强调："意识形态工作是党的一项极端重要的工作"，"能否做好意识形态工作，事关党的前途命运，事关国家长治久安，事关民族凝聚力和向心力"，"宣传思想工作就是要巩固马克思主义在意识形态领域的指导地位，巩固全党全国人民团结奋斗的共同思想基础"。① 2014年12月，习近平总书记在第二十三次全国高等学校党的建设工作会议上强调："强化思想引领，牢牢把握高校意识形态工作领导权。"②这些重要论断，具有理论、历史和现实等多方面的深刻意蕴，指明了高校意识形态工作的重大意义和战略要点，为新形势下如何做好高校宣传思想工作，贯彻落实立德树人的根本任务提出了纲领性意见和行动指南。高校必须抓好意识形态工作，掌握思想政治工作的主导权，以社会主义核心价值观为引领，遵循思想政治工作规律和大学生成长规律，坚持全员、全方位、全过程的"三全"育人模式，努力培育出一大批又红又专、德才兼备的时代新人。

## 第一节　意识形态的概念内涵和重要意义

### 一、意识形态的概念内涵

"意识形态"一词最早见于法国哲学家特拉西1797年所写的《意识形态原理》一书中。在该书中，特拉西提出了意识形态是作为所有其他科学基础的一种新的观念学。《简明不列颠百科全书》对"意识形态"(ideology)的定义是："社会哲学或者政治哲学的一种形式。其中实践的因素与理论的因素具有同等重要的地位。它是一种观念体系，旨在解释世界并改造世界。"③马克思在《德意志意识形态》中指出，"统治阶级的思想在每一时代都是占统治地位的思想。这就是说，一个阶级是社会上占统治地位的物质力量，同时也是社会上占统治地位的精神力量。支配着物质生产资料的阶级，同时也支配着精神生产资料"④。可见，意识形态作为占统治地位的一种观念体系，其广泛渗透于社会生活的各个方面。

---

① 习近平在全国宣传思想工作会议上强调：胸怀大局把握大势着眼大事 努力把宣传思想工作做得更好[N]. 人民日报，2013-08-21.

② 习近平：牢牢把握高校意识形态工作领导权[N]. 北京青年报，2014-12-30.

③ 中国大百科全书出版社《简明不列颠百科全书》编辑部，译编. 简明不列颠百科全书(第9卷)[M]. 北京：中国大百科全书出版社，1986：101-102.

④ 马克思恩格斯选集(第1卷)[M]. 北京：人民出版社，1995：98.

马克思认为资本主义社会的意识形态具有虚假性和遮蔽性。他指出,“占统治地位的将是越来越抽象的思想,即越来越具有普遍性形式的思想。因为每一个企图取代旧统治阶级的新阶级,为了达到自己的目的而不得不把自己的利益说成是社会全体成员的共同利益,就是说,这在观念上的表达就是:赋予自己的思想以普遍性的形式,把它们自己描绘成唯一合乎理性的、有普遍意义的思想”①。资本主义社会中的意识形态是一个虚假的、颠倒的精神世界,资产阶级通过对人民进行“教化”即意识形态教育和灌输,覆盖或消解了社会成员的真实利益和意愿,使人们难以发现统治阶级意识形态的虚假性,从而沦落为统治阶级的“意识形态俘虏”。

马克思的继承者列宁、毛泽东则不再笼统地谈论意识形态的虚假性,而是直接强调意识形态的阶级性。列宁认为自发的工人运动只能产生工联主义意识,这是资产阶级意识形态在工人队伍中的反映,因此必须从外面向工人群众灌输科学社会主义。如果忽视无产阶级意识形态的教育,那就意味着资产阶级意识形态的加强。毛泽东明确指出无产阶级意识形态和资产阶级意识形态的斗争,指出无产阶级要按照自己的世界观改造世界,资产阶级也要按照自己的世界观改造世界,这种斗争是不可调和的。意识形态这块阵地,马克思主义不去占领,非马克思主义就会去占领。所以,有必要划清马克思主义和反马克思主义、非马克思主义的原则界限,坚决排除各种错误思想的干扰。

国内学界对意识形态进行了大量理论研究。俞吾金在《意识形态论》一书中指出,意识形态是“在阶级社会中,适合一定的经济基础以及竖立在这一基础之上的法律的和政治的上层建筑而形成起来的,代表统治阶级根本利益的情感、表象和观念的总和,其根本的特征是自觉或不自觉地用幻想的联系来取代并掩蔽现实的联系”②。郑永廷等认为,意识形态是一种自觉地反映一定社会集团(在阶级社会就是阶级)经济政治利益的系统化、理论化的思想观念体系,是一定社会集团、阶级的政治理想、价值标准和行为规范的思想基础。③ 朱继东指出,意识形态本质上是国家现象、集团性话语,实质是阶级意志的思想表达,由一定的经济基础决定并对经济基础也有着很重要的反作用。④ 因此,作为观念或思想上的上层建筑,意识形态具有价值导向和行动导向的性质和作用,可以称之为一

① 马克思恩格斯选集(第1卷)[M].北京:人民出版社,1995:100.

② 俞吾金.意识形态论[M].上海:上海人民出版社,1993:129.

③ 郑永廷,叶启绩,郭文亮,等.社会主义意识形态研究[M].广州:中山大学出版社,1999:4.

④ 朱继东.新时代党的意识形态思想研究[M].北京:人民出版社,2018:4.

个国家的政治灵魂和一个民族的思想根基。可见，阶级是一个历史和经济的范畴，阶级性则体现了具有共同物质利益关系的群体在政治、社会、文化、思想等多个领域中共同诉求的属性。意识形态作为观念的体系、价值观的学说、思想的集合，在阶级社会中总是体现一部分人的利益和诉求，是对一定价值观念的追求和发展道路的主张，具有鲜明的阶级性。

## 二、高校牢牢把握意识形态领导权的重要意义

高校是思想文化交流互动的重要场所，也是意识形态工作的前沿阵地，肩负着为中国特色社会主义事业培养合格建设者和可靠接班人的重要使命。2015年，中共中央办公厅、国务院办公厅印发的《关于进一步加强和改进新形势下高校宣传思想工作的意见》指出，要牢牢掌握高校意识形态工作领导权、话语权，不断巩固马克思主义指导地位。加强高校意识形态阵地建设，是一项战略工程、固本工程、铸魂工程，事关党对高校的领导，事关全面贯彻党的教育方针，事关中国特色社会主义后继有人，对于巩固马克思主义在意识形态领域的指导地位，巩固全党全国人民团结奋斗的共同思想基础，具有十分重要而深远的意义。

在意识形态工作的领导权、管理权和话语权中，意识形态领导权居于核心地位，对管理权和话语权起到决定作用。意识形态领导权是西方马克思主义学者安东尼奥·葛兰西提出的一个现代政治哲学概念，用以指统治阶级在文化和道德领域的领导权。所谓意识形态领导权，是指统治阶级通过在全社会确立符合本阶级的阶级立场和阶级利益的意识形态并上升为社会主流意识形态，从而使社会成员遵从和认同该意识形态，并且在实际行动中受该意识形态的引导、指引。高校意识形态工作本质上是做人的工作。思想建设是聚焦新时代高校办学方向、维护校园和谐稳定、改善校园风尚、提升青年学生道德素质的重要保证。加强党对高校意识形态领导权，首先要全面贯彻党的教育方针，在坚守理想信念中筑牢马克思主义这个思想主心骨。同时，要积极发挥思政课育人载体作用，多角度落实“大思政”教学工作，做好网络意识形态宣传，坚持不懈地紧抓中国特色社会主义理论教育，通过掌握高校意识形态工作领导权来统领意识形态管理权和话语权。

# 第二节　新媒体时代的主要特征和意识形态工作面临的机遇与挑战

## 一、新媒体时代的主要特征

新媒体是指伴随着互联网技术的普及和深入，继报刊、广播、电视等传统主流媒体之后兴起的以微博、微信、论坛等为代表的新型交互式传播媒介。它依托数字技术、网络技术和移动通信技术，给用户提供一个开放的、交互的、全方位的虚拟空间。与传统媒体相比，新媒体所具有的一系列新特点正在使现代社会信息的生产传播方式以及人们的思维、行为模式发生着巨大变化，带来了一场真正意义上的信息革命。

从传播主体来看，新媒体打破了传统意义上政府机关和新闻机构对信息的一元垄断结构，每一个人都能自主地参与信息的搜集获取、生产制作和扩散传播。一方面，新媒体激发了广大网民参政议政的热情，拓宽了社情民意的搜集渠道，促进了信息的交换流动，加快推进了社会主义政治建设的民主化进程。另一方面，传播主体的广泛性和信息传播的随意性使得信息来源的真实性和可靠性大打折扣，网络造谣、网络攻击等负面事件时有发生，破坏了网络的生态空间。同时，在互联网日益成为社会各个阶层表达利益诉求的重要通道的背景下，不同传播主体以其特有的话语体系和话语方式借助新媒体表达立场、发表观点、维护权益，很难保证其立场、观点与党的路线方针政策保持一致，甚至存在不少与社会主义主流意识形态完全相违背的不当言论在网络上大行其道。一些不法组织正是抓住网络传播的这一漏洞来刻意培植网络意见领袖，利用其强大的影响力和号召力对广大网民进行煽动蛊惑。

从传播内容来看，媒体自由度的扩大与公众传播地位的提升使传播权利不断泛化，各种社会思潮和价值观念相互渗透与激荡，多元文化的冲击影响着人们的道德判断和价值选择，良莠不齐的各类信息充斥着网络空间，主流意识形态与多元文化相互交织竞争，共同争夺网络的舆论阵地。

从传播方式来看，以论坛、微博、微信为代表的多样化新媒体平台实现了主体与受众之间的深入互动。随着传播技术的迅猛发展和广大网民个性化诉求的日益强烈，各种巧妙融合文字、图片与音视频于一体的新型社交工具层出不穷，极大地拓宽了传播渠道和话语空间。

从传播速度来看，互联网的高度发达以及网络新闻本身具有的“短、平、快”等特点使得信息传播呈现裂变式特点，互联网已成为思想文化的集散地和社会舆论的放大器。再小的新闻经过网络的无限发酵，都会使得局部问题全局化、细小问题放大化，而成为全社会的关注热点。部分网民往往抓住这一特征炮制舆论热点，别有用心地发表一些标题与内容不相符的新闻话题以博取观众眼球，控制舆论走向。伴随新媒体时代信息革命的影响，意识形态领域正面临前所未有的机遇和挑战。

## 二、积极应对时代变化，争取意识形态工作主动权

可见，随着新媒体时代的到来，意识形态工作正面临着一系列严峻挑战，掌握意识形态工作的领导权、话语权和管理权已经成为各国确保意识形态安全、维护本国根本利益、提升国际话语影响力的重要保障。在全球化背景下，互联网在某种程度上已成为信息霸权国家向其他国家实施文化扩张和渗透的新载体和新渠道。美国政府全力将自己制定的网络标准推广为全球标准，利用其拥有的世界上最强大的传播网络和最具实力的软件制造业，向世界全天候、全方位地推销自己的价值观念、意识形态、生活方式和历史文化。技术变革的客观事实倒逼着我们认真研究和把握新媒体时代的基本特征与互联网信息传播的客观规律，充分利用新媒体技术的强大力量和突出优势，积极化解新媒体带来的技术恐慌和威胁挑战，在新的形势下毫不动摇地坚持马克思主义在意识形态领域的一元指导地位，切实维护西方霸权主义挑衅下我国意识形态安全，赢得在互联网这一全新场域展开的意识形态争夺战。努力建构起体现党的意志、人民的呼声、顺应时代发展潮流的马克思主义意识形态，进一步发挥马克思主义意识形态的思想引领和统摄作用。

党的十九大报告提出，不断增强意识形态领域主导权和话语权，是新时代坚持和发展中国特色社会主义基本方略的重要内容，是习近平新时代中国特色社会主义思想的重要组成部分。在当前和今后一段时期内，习近平新时代中国特色社会主义思想是我们进行伟大斗争、建设伟大工程、推进伟大事业、实现伟大梦想的指导纲领和行动指南。我们要自觉地用习近平新时代中国特色社会主义思想武装头脑、指导实践，牢牢掌握意识形态工作领导权和主动权，为构建具有强大凝聚力和引领力的社会主义意识形态作出应有的贡献。

# 第三节　当前马克思主义意识形态面临的挑战与应对措施

## 一、当前马克思主义意识形态面临的挑战

### (一)多元社会文化思潮对马克思主义意识形态指导地位的冲击

旗帜鲜明地坚持马克思主义在意识形态领域的一元化指导,是捍卫意识形态话语权的首要前提,也是我们党在长期革命、建设和改革的伟大实践中形成的根本政治原则,是巩固党的执政地位和坚定不移走中国特色社会主义道路的有力保证。随着改革开放和社会主义市场经济的不断深化,当前我国正处于社会结构深刻变革、利益格局深刻调整的重要转型时期,人们的思想观念日趋多样,自我意识日益强烈,追求个性的呼声日益高涨。来自不同社会阶层的人们在各自不同利益诉求的驱使下,其认可的思想文化进而形成的价值观念都不尽相同。在当前意识形态领域,以马克思主义为指导的主流意识形态正与形形色色的非马克思主义的意识形态进行激烈的交锋碰撞,来自不同意识形态的各种声音干扰着人们的价值选择,消解着社会主义主流意识的主导地位,已成为意识形态工作不容忽视的客观事实和必须面对的现实挑战。

新媒体时代,意识形态的传播在互联网的掩盖下变得更加容易也更为隐蔽,在铺天盖地的海量信息中,不乏非马克思主义的意识形态把自己包装成人们喜闻乐见的形式来暗中侵蚀人们的思想。广大民众在迷恋于网络游戏、网络影视和网红人物的同时,也潜移默化地受到与之相关的思想文化和价值观念的影响。在良莠不齐的网络信息的包围下,个体认知容易受到误导而出现偏差,导致道德规范模糊、社会公德失范、社会诚信缺失等现象频现。

### (二)西方霸权话语体系对国家意识形态安全的挑战

意识形态属于观念的上层建筑,同政治上层建筑一起建立在一定的经济基础之上并反映与之相适应的经济社会发展水平。资本主义发达国家经过几百年的发展已取得丰厚的物质财富,经济上的优越性奠定了其在国际秩序和文化输出中的强势地位,对处于相对弱势的社会主义国家本土文化形成了强烈冲击。作为一种国家力量,意识形态话语权是一个国家捍卫本国意识形态安全、维护本

国文化主导地位的重要手段。多年来，以美国为首的西方发达国家在世界意识形态话语体系和国际经济文化秩序中占据绝对的主导地位。为捍卫自身霸权地位，遏制传统大国崛起，西方国家利用自身的全球产业链条，蓄意制造险恶的战略环境。

早在20世纪50—60年代，美国就采取“和平演变”的超越遏制战略，通过贸易、科技、文化等各种非暴力手段，用西方的价值观念、生活方式和意识形态去影响和改造社会主义国家的民众头脑，引诱他们向其靠拢。一直到信息技术高度发达的21世纪，“和平演变”战略非但没有停止，反而变本加厉凭借先进的互联网技术将表征西方主流社会的政治信仰和价值观念源源不断地向外输出，以文化符号的形式把西方的价值观念和主流意识植入所谓的“普世价值”的体系，使人们在不知不觉之中沦为西方社会的追随者和代言人，从而达到占领思想阵地、建立西方话语霸权的目的，已造成意识形态话语权上的“西强我弱”局面，已成为我国意识形态安全防火墙上的一块致命短板。面对社会主义话语权被消解甚至“失语”的危险，我们必须正视中国意识形态话语权弱化的深层原因，识破西方敌对势力在文化旗号掩盖下“西化”乃至“分化”中国的政治图谋，切实建构起我国意识形态的安全网。

### (三)传统理论体系和宣传方式凝聚力的消解

马克思曾指出：“理论一经掌握群众，也会变成物质力量。理论只要说服人，就能掌握群众；而理论只要彻底，就能说服人。”①由于意识形态的理论体系具有高度的抽象性和概括性，超出了大部分人既有知识经验的认知范围和解释框架，不易为广大人民群众所掌握，必须在把握传播规律、接受机制及人民群众认知水平和特征的基础上对传统意识形态理论体系进行话语内容与表达方式创新。当前，我国意识形态的话语权建设一定程度上还存在着教条化、空洞化、口号化的问题，有些理论内容照本宣科、生搬硬套，缺乏基于人民群众思想实际和利益诉求的深入解读；宣传方式往往以单向灌输为主，话语内容相对陈旧僵硬，话语风格较为生硬呆板，很多以说教口吻出现的官方报道、理论文章、文艺作品经常引起人们的反感和排斥，假、大、空甚至成为一些地方意识形态宣传的代名词，被人们所诟病。

要打赢意识形态话语权的争夺战，关键在于主流意识形态的理论体系充实和表达方式创新，从日常生活的向度入手建构意识形态的话语体系，形成贴近人

---

① 马克思恩格斯选集(第1卷)[M].北京：人民出版社，1995：9.

民群众日常习惯的解释框架，使马克思主义意识形态真正转化为人民群众易于理解接受的精神坐标和行动指南。

## 二、巩固和加强意识形态的路径

主动应对时代变化，及时化解现实难题，是任何一个社会主流意识形态发挥应有功能的必要条件。新媒体时代，意识形态话语权的建构必须紧跟现实社会的发展，抢抓时代机遇，深刻把握互联网特点和信息传播规律，主动转变工作思路，创新工作方式，改进工作机制，将互联网这个最大变量转变为最大增量。

### (一)坚持思想文化多样性与马克思主义主导性的统一

在新媒体时代，应坚持马克思主义的主导性和思想文化的多样性是辩证统一的关系，主导性是多样性基础上的主导性，多样性是主导性统领下的多样性。二者的关系一旦失衡，就会导致社会的动荡甚至政权的丢失。一方面，文化的多样性造就了世界的多姿多彩，每一种文化形态都有自身存在的积极意义，都有藏于其中的价值观念，都有展现自身风采的强烈愿望。只有借助特定的载体将文化所蕴含的丰富内涵、承载的思想理念及坚持的价值导向生动地呈现在世人面前，文化才能产生吸引力，扩大影响力，形成话语权。同时，文化的多样性还有利于充分尊重不同主体的价值追求，整合不同群体的利益关系，因势利导地把不同阶层、不同群体的利益诉求和理想愿景整合到主流意识形态的建设之中，汇聚成为和谐统一的利益共同体。如果没有多样性，意识形态就会失去永葆活力的思想源泉，沦为禁锢人们思想的政治说教而失去群众基础，文化的大发展大繁荣也就无法实现。

另一方面，主流意识形态建设是推动社会发展进步的重要维稳器和黏合剂。文化的多样性容易在一定程度上滋生出一些错误的思想观点，干扰人们的价值判断和道德选择。马克思主义是我们立党立国的根本指导思想，是被实践检验了的科学世界观和方法论，加强意识形态话语权建设，必须旗帜鲜明、毫不动摇地坚持马克思主义的一元指导地位，消除思想领域的杂音和噪声，在众声喧哗中弘扬时代主旋律，以坚定的政治立场同各种错误思潮做坚决的斗争，建构起全党全国人民团结奋斗的共同思想基础。特别是在信息化、网络化时代，迫切需要我们进一步把意识形态建设的重心转移到网络阵地，改革传统的自上而下单向灌输的宣传教育模式，以科学真理的魅力在浩瀚的信息海洋中点亮引领人们心灵、聚焦人们目光的灯塔，把构建新媒体的话语平台作为意识形态话语权建构的重要场域，促进传统媒体与新媒体平台的深度融合。

## (二)凸显意识形态话语体系的中国特色

习近平总书记指出:“文化是一个国家、一个民族的灵魂,文化兴国运兴,文化强民族强,没有高度的文化自信,没有文化的繁荣复兴,就没有中华民族伟大复兴。”①中华优秀传统文化有着五千多年的悠久历史,蕴含着丰富的治国理念和人文思想,是中华民族共同的文化基因和精神家园,是中华民族生生不息的强大精神动力,为涵养以社会主义核心价值观为代表的社会主义先进文化提供了丰富的思想源泉。我们要承续几千年的语言文化血脉,充分吸收中华优秀传统文化中的有益成分和合理元素,把那些沉淀在民族深层心理结构中的、至今仍有重要教育启示意义的语言文化传统继承下来,展现经久不衰的民族文化。

与此同时,中华优秀传统文化在新的历史条件下要随着时代的发展不断注入新的内涵,把传统文化与现代文明、民族文化与世界文明的相互关系放在全球化的进程中来认识,培育引领时代发展、回应时代呼声的中国特色社会主义文化。中国特色社会主义文化,源自中华民族五千多年文明历史所孕育的中华优秀传统文化,熔铸于党领导人民在革命、建设、改革中创造的革命文化和社会主义先进文化,根植于中国特色社会主义伟大实践。培育中国特色社会主义文化自信,就是把中华优秀传统文化、革命文化和社会主义先进文化三者囊括其中并进行有机整合,不断实现文化的创造性转化和创新型发展。当前,习近平新时代中国特色社会主义思想的提出形成了重大的思想创新,成为马克思主义中国化的最新理论成果和中国特色社会主义夺取全面胜利的理论指南。我们要本着不忘本来、吸收外来、面向未来的态度,通过创造性转化和创新型发展推动中华优秀传统文化与当代文明和社会主义先进文化相融通,使中华优秀传统文化在新的历史条件下焕发勃勃生机。

改革开放40余年来,我国结合具体国情和时代特征探索出了一条中国特色的社会主义道路,已使中国在纷繁复杂的国际竞争中实现了从站起来到富起来再迈向强起来的伟大飞跃,在世界的发展潮流中初步完成了由传统向现代的历史转变,正以前所未有的崭新姿态日益接近国际舞台的中央。中国改革开放展现出的勃勃生机已成为推动全世界快速发展的重要引擎和维护世界政治经济秩序的关键一极,中国的崛起强大已用铁的事实有力地回应了西方社会炮制的“意识形态历史终结论”的终结、“马克思主义失败论”的失败。特别是党的十八大以

---

① 习近平.决胜全面建成小康社会 夺取新时代中国特色社会主义伟大胜利:在中国共产党第十九次全国代表大会上的报告[M].北京:人民出版社,2017:40-41.

来，以习近平为核心的新一届领导集体立足我国的发展实际和世情变化，明确提出了“一带一路”倡议和构建人类命运共同体的全球合作理念，已引起国际社会的广泛认同，成为推动全球治理体系变革、构建新型国际关系和国际新秩序的共同价值规范。中国在实现和平崛起的同时，及时总结和凝练中国发展经验，并将其扩展整合为中国特色社会主义话语体系，以高度的理论自信来阐释中国道路，讲述中国故事，传递中国声音。

### （三）促进意识形态话语权的现代变革

1. 创新主流意识形态的内容体系

意识形态作为人类社会的实践产物，在反映特定社会关系的同时，又具有相对的独立性与稳定性，即意识形态会超前或者滞后于当前经济社会发展的实际状况。主流意识形态的理论体系一旦落后于现实社会的发展速度，无法及时对外部环境的变化作出合理解释和有力回应，就必然与广大群众的经验世界产生冲突，从而削弱自己的合理性权威。传统意识形态重文本轻实际、重规则轻内容的话语体系风格与现代社会人们日益强烈的个性化诉求表达和崇尚自由平等交流的心理特征不相吻合，加之受到各种社会思潮话语的碰撞冲击，容易造成受教育者的抵触和排斥。

新媒体时代加强意识形态理论内容体系的创新，必须始终立足中国特色社会主义的现实实践，充分体现新时代的变化发展，积极关注网络空间的热点舆论话题，利用马克思主义的立场、观点和方法及时对民众的舆情作出正面引导、科学分析和客观评论，充分激发马克思主义意识形态的人民性特质和民生情怀，深入分析和对接广大受众认知心理和利益诉求，切实解决人民群众密切关注的现实问题，把高深宏大的理论观点嵌入群众鲜活的生产生活实践之中，实现马克思主义意识形态话语内容的真理性与生活性的有机统一，将意识形态的理论创新提升到关注人的利益诉求和实现人的全面发展的高度。在此基础上，努力挖掘和整合现有文化资源，推动文化话语内涵的吐故纳新，面对其他非马克思主义意识形态的挑战，应积极吸收借鉴其他哲学社会科学的先进思想和有益成分，进而以抢占全球话语高地的视野敢于从外国理论空间中获取更加丰富的话语资源，及时更新自身的理论储备，去除旧理论体系中不合时宜的观点说法，提升对新实践、新情况、新问题的解读和阐释能力，不断夯实马克思主义意识形态的合法性根基。

2. 营造主流意识形态表达的主体关系

意识形态教育是主客体之间按照特定的教育目的、运用相关的话语体系来

传递特定教育内容，促使受教育者实现思想和行为转变的一项社会实践活动。主客体间的合理互动，是意识形态话语得以形成的基本前提，意识形态话语权从本质上来说，就是基于主客体的交往实践而形成的体现社会主流意识形态导向的语言符号系统。传统意识形态自上而下、重在灌输的话语表达方式容易造成教育主客体关系的不平等、感情成分的降低以及运行机制的被动。

新媒体时代背景下，人们趋于生活化和趣味性的表达方式与交往特色为转变传统的意识形态话语方式提供了新的参照标准，能很大程度上降低意识形态话语认同的语言认知障碍。同时，新媒体作为一种新兴的网络交流工具，其特有的交互性、开放性、即时性、隐匿性特征使得人人都可以成为话题的发起者和信息的传播者，教育者不再是掌握知识信息的唯一主体，话语内容的获取渠道和传播路径无限扩大，突破了教育者自身的知识结构局限，受教育者可以根据自己的兴趣爱好和发展需求，借助网络查找信息、获取资源，并从中建构起彰显自身特色的话语体系，教育者的权威话语体系随着受教育者自我意识的觉醒和话语地位的提升而逐渐转变为大众化的话语体系，强制灌输和刻板说教的传统话语陈述逐渐优化为个性展示的话语陈述，受教育者自身也随之升华为教育主体中的一员，意识形态教育也随之转变为教育主体间的对话交流。构建新型的话语主体关系，将主体间性引入意识形态话语权领域，把虚拟的网络空间打造成为映射主体生活世界的重要场域，能够打破传统意识形态教育中教育者与受教育者之间的对立僵化格局，营造共享平等、活泼主动的话语交流氛围。

## 第四节　防范去意识形态化和泛意识形态化两种极端思潮

意识形态的塑造和文化的生成二者相互交织、不可分割。一方面，意识形态为文化的生成框定了基本的方向和要求，规导着文化的存在样态和表现形式，使得任何一种样态的文化都不可避免地打上意识形态的烙印。因此，文化的合法性是先于科学性的存在，阶级社会中不存在绝对的价值中立的文化，所有文化都是以不同的形式、从不同的角度、用不同的手法展现其服务的特定意识形态。另一方面，意识形态特有的理论性和抽象性使其不易为群众所掌握和不便为媒体所传播，这就需要借助丰富的文化载体表达意识形态所蕴含的思想观念和价值导向，经过文化认同这个必要步骤上升为对其所服务的意识形态的自觉认同。意识形态栖身在不同样态的文化之中，人们根据自己的需要和兴趣，在接触感性

的、直观的文化样态中逐渐加深对内蕴于其中的意识形态的理性认识。离开了文化这一重要载体,意识形态只能沦为人们无法把握的空洞存在。因此,要将文化有机融入其中并以文化的形式反映和解读抽象的意识形态内容,通过文化的融入使得意识形态的表现更加生动化和形象化,内涵更具科学性和吸引力。文化性是意识形态的基本特征和内在属性,意识形态性规定着文化的根本导向和存在样态,二者的相互交织构成了意识形态话语的双重特性。

## 一、去意识形态化思潮的实质是否认文化的意识形态性

发端于西方资本主义国家的去意识形态化思潮,是全球化时代背景下呼声日益高涨的一股社会思潮。事实上,去意识形态化的实质不是要让一切国家的意识形态终结于历史的舞台,而是把矛头指向社会主义国家的政治制度与价值体系,通过消解马克思主义意识形态来达到对社会主义国家进行思想渗透、价值误导和制度颠覆的目的。当然,为了让人们难以识破去意识形态化背后的政治阴谋,西方资本主义国家精心构建了一整套以“普世价值”为核心的意识形态话语体系,不遗余力地向全世界鼓吹资本主义制度的优越性,大力宣称资本主义制度是人类社会发展至今最完善、最理想的制度形式,代表着人类社会发展的趋势和未来。这些打着自由、平等、民主口号的超越阶级的抽象人性论具有极大的迷惑性和煽动性,通过别有用心地制造思想混乱对社会主义制度趁机进行攻击诋毁。去意识形态化归根结底来说是西方资本主义国家出于隐性对抗社会主义制度的真实目的而用以迷惑世人、混淆视听的虚伪口号。在这里,用文化取代意识形态只是被西方国家用来堂而皇之行使不轨图谋的华丽说辞,其假借文化的名义刻意抹杀意识形态本身的阶级立场和政治导向,否定意识形态的存在意义,使得以文化替代意识形态的错误言论和种种乱象以合理的身份出现在大众视野中。

中国共产党从不避讳承认马克思主义意识形态的阶级性,更不会把自己的政治制度、政党文化和核心价值观等包装为超越阶级的所谓“普世价值”。从文化的角度审视文化与意识形态的关系,有助于我们识破去意识形态化的虚伪面目和险恶用心,防止西方资本主义国家利用其所掌握的舆论资源和话语优势侵蚀广大人民的思想防线,以免在其精心炮制的政治骗局中淡化甚至放弃马克思主义。习近平总书记曾指出:“一个国家的瓦解,往往是从思想领域开始的。政权动荡、政权更迭,可能是一夜之间的事,而思想领域演化则是个长期过程。一

旦思想领域防线被突破，其他防线就很难守住。”①意识形态安全的极端重要性不言而喻，我们必须以高度的政治敏锐性辨析各种社会思潮，从政治上旗帜鲜明地反对去意识形态化思潮，守住思想舆论阵地，筑牢意识形态安全防线。

### 二、泛意识形态化思潮的实质是否认意识形态的文化性

与此同时，我们还需警惕矫枉过正走向另一个极端，即防止泛意识形态化思潮，片面强调意识形态的阶级性和政治性而忽视其内在的文化性和科学性。作为提升意识形态理性权威的重要因素，文化以其特有的理论性、科学性、吸引力、亲和力促使内蕴于其中的意识形态更容易被人们所理解和认同。中国长达十年的“文化大革命”就是将文化问题简单意识形态化的反面教材，以阶级斗争为纲粗暴压制文化的生长和发展空间，这一段以意识形态性抹杀文化性的特殊时期不仅使思想文化陷入了高压管制下的僵化局面，也使社会发展出现了严重倒退。无数事实证明，即使是先进的意识形态，如果缺乏丰富的文化载体和恰当的话语表达形式也会因为难以激起人们的文化共识和情感共鸣而失去民众认同基础，久而久之必然成为空洞的远离群众的政治说教。尤其是在文化产业高度发达的今天，随着人们的文化需求和审美标准的不断提高，文化的呈现内容日趋多样化和生活化，呈现方式日益艺术化和隐性化，意识形态的传播更需要借助那些兼具内容和形式的优质文化以真正走进人们的内心。文化与意识形态之间愈加相互依存、相得益彰，意识形态的文化特性不断凸显，文化在有机融入意识形态构建的全过程中为意识形态的话语创新提供了丰富的素材资源。

## 第五节　党的十八大以来意识形态工作得到全面加强

党的十八大以来，以习近平同志为核心的党中央高度重视意识形态工作，习近平曾在多个场合对意识形态工作作出重要指示和发表重要讲话，他指出：“意识形态工作是党的一项极端重要的工作”，“能否做好意识形态工作，事关党的前途命运，事关国家长治久安，事关民族凝聚力和向心力”。② 他还就意识形态工

---

① 中共中央宣传部(国务院新闻办公室)，中共中央文献研究室，中国外文出版发行事业局．习近平谈治国理政(第2卷)[M]．北京：外文出版社，2017.

② 习近平在全国宣传思想工作会议上强调：胸怀大局把握大势着眼大事 努力把宣传思想工作做得更好[N]．人民日报，2013-08-21.

作的地位与作用、目标与任务、原则与要求、方法与策略、机遇与挑战等问题作出了一系列重要论述和重大部署。

意识形态工作的全面加强，根本在于强化党对意识形态工作的全面领导。党是指导意识形态工作的最高领导力量，意识形态工作不能脱离党的集中统一领导，更不能与党的中心工作背道而驰，而应该始终服从和服务于党的自身建设与长远发展所需。必须始终把加强党的政治建设放在首位，通过对管理权和话语权的掌控牢牢把握党在意识形态领域的领导权，加强党和党的各级组织建设，按照党管宣传、党管意识形态、党管媒体的根本原则和导向，在政治方向、舆论导向和价值取向上时刻保持坚定的立场与清醒的头脑。

意识形态工作的全面加强，关键在于牢牢把握马克思主义的主导地位，坚持在多元思想中立主导，以主导引领凝聚多元思想。多年来，西方资本主义发达国家凭借着自身强大的综合实力一直在国际主流话语体系和世界政治格局中占据主导位置，利用自身的传媒优势和舆论影响力，通过多种渠道和方式，对其他国家进行颠覆和渗透。当前，随着各种社会思潮和价值观念的交流碰撞日趋激烈，人们的思想观念空前活跃并萌生出强烈的表达意愿。以不同社会制度为根本区别的意识形态较量争夺愈加激烈，掌握意识形态的主导权和主动权已经成为各国维护国家安全、凝聚思想认同、展现国家形象的重要保障。

意识形态工作的全面加强，基础在于民心是最大的政治，强调要进一步坚定人民立场，牢固树立以人民为中心的执政理念。习近平总书记多次指出，“我们党来自人民、植根人民、服务人民，一旦脱离群众，就会失去生命力”①。在实践层面，党中央创造性地开展构建人类命运共同体、全面建成小康社会、精准扶贫、生态文明建设等中国特色社会主义伟大工程，使发展成果惠及广大人民群众。可见，党的十八大以来意识形态的人民性特征得以充分凸显，体现了中国共产党始终坚持以人民为中心的情怀担当，为新时代继续坚定不移走群众路线和不断提升党的执政能力提供了重要遵循。

意识形态工作的全面加强，重点在于确保意识形态工作责任制的建立与健全，压紧压实相关主体的政治责任和领导责任，进一步加强宣传舆论和阵地管理。思想舆论按照其性质总体可分为正确的、模糊的和错误的，习近平指出，“思想舆论领域大致有红色、黑色、灰色‘三个地带’。红色地带是我们的主阵地，一定要守住；黑色地带主要是负面的东西，要敢于亮剑，大大压缩其地盘；灰色地带

---

① 习近平：决胜全面建成小康社会 夺取新时代中国特色社会主义伟大胜利：在中国共产党第十九次全国代表大会上的报告[M]. 北京：人民出版社，2017：21.

要大张旗鼓争取，使其转化为红色地带”①，这就要求我们明辨各类思想舆论的本质属性，在突出正面宣传为主的同时，注意防止那些带有较强诱导性和迷惑性的错误思想舆论大行其道，齐抓共管线上线下的各类新闻舆论空间，使其成为凝聚社会共识和弘扬主流思想的前沿阵地。

意识形态工作的全面加强，难点在于与时俱进推动传播方式创新，赢得互联网场域的全面胜利。新媒体技术正以前所未有的变革力度颠覆着传统社会单一化、层级化、中心化的传播模式，以传播快、受众多、渠道广等一系列新特点和新变化构成了媒体传播的新业态。技术变革的客观事实倒逼着我们不断学习新媒体技术以克服本领恐慌和能力不足，充分利用新媒体的技术优势，扩大受众覆盖面和舆论影响力，积极探索化解多元文化思潮冲击和西方敌对势力网络渗透的威胁挑战，使互联网成为传播意识形态的有效助推器。

## 第六节　浙江金融职业学院意识形态工作建设情况

### 一、认真学习贯彻习近平总书记关于意识形态工作的系列讲话精神，加强社会主义核心价值观教育

党的十八大以来，习近平总书记围绕意识形态工作做了一系列重要讲话，形成了习近平总书记关于新时代意识形态工作的重要论述。浙江金融职业学院严格按照中发〔2016〕31 号、中办发〔2014〕59 号、中办发〔2015〕52 号、浙委办发〔2017〕13 号等文件的要求，全面贯彻落实全国宣传思想工作会议和全国、全省高校思想政治工作会议精神，从坚持社会主义办学方向的高度来抓意识形态工作，先后出台了《加强和改进思想政治工作实施意见》《学习和贯彻党的十九大精神的若干意见》《意识形态责任制实施细则》《加强和改进马克思主义学院建设的若干意见》等一系列文件和措施，通过意识形态责任制的逐步落实，全校上下“四个意识”显著增强，守牢意识形态、安全稳定、党风廉政的“三个底线思维”显著增强，各级党组织落实意识形态的责任意识和能力显著增强，意识形态工作融入办学治校全方位、全过程的意识和能力显著增强。

学校党委高度重视意识形态理论武装。一方面，抓好专题学习。校党委理论中心组积极组织开展与意识形态相关的集中学习活动，覆盖“关键少数”、重点

---

①　中共中央宣传部（国务院新闻办公室），中共中央文献研究室，中国外文出版发行事业局. 习近平谈治国理政（第 2 卷）[M]. 北京：外文出版社，2017.

群体和全体党员教师。另一方面，开展深入学习。充分利用暑期中层干部读书会、基层党务干部培训班、理论学习文章征集等方式引导深入学，通过发放《习近平谈治国理政》《干在实处　走在前列——推进浙江新发展的思考与实践》《十九大精神辅导报告》等资料，组织广大师生党员观看红色电影、专题纪录片等保证学深入。成立社会主义核心价值观教研中心和中国特色社会主义理论体系研究基地，加强理论研究，以研究提升有效性、针对性。

## 二、坚定主心骨，构建“党要管党、党抓发展、党主育人、党蓄队伍、党谋幸福”的全面领导体系

学校党委坚决维护党中央权威和集中统一领导，坚持社会主义办学方向，切实增强各级党组织和党员干部的政治意识、大局意识、核心意识、看齐意识，切实增强党内政治生活的政治性、时代性、原则性，充分展现出党委举旗定向的领导核心作用，全面落实意识形态工作的党委主体责任。2019 年，学校在《中国教育报》刊发长篇报道《与时偕行 创新推进党建引领育人——浙江金融职业学院 2019 年社会责任报告》，通过创新推进党建引领育人，勇担社会责任，不断增强学校党组织的创新力、凝聚力和战斗力，推动学校健康快速发展。

第一，坚持理念引领。按照“党要管党、从严治党，党抓发展、科学和谐，党主育人、价值引领，党蓄队伍、凝心聚力，党谋幸福、师生至上”的理念全面履行党委职能，引领学校科学发展。

第二，不断完善机制，加强对意识形态工作的组织保障和队伍保障，将意识形态工作融入学校工作的各方面。不断坚持和完善党委领导下的校长负责制，坚持党委领导、校长负责、教授治学、民主管理，充分发挥教代会、工会、团委、学生会的作用，做好统战工作，充分调动各方力量立德树人，发挥党委总揽全局、协调各方的核心作用。

第三，强化领导带头，发挥引导示范作用。党委书记切实履行主体责任，当好“班长”，率先垂范，旗帜鲜明站在意识形态工作第一线，对事关意识形态的重要工作亲自部署协调、重大问题亲自过问，牢牢把握学校发展的政治方向，严守政治纪律和政治规矩，在具体工作中将意识形态工作放在突出的位置，主持好每次的党委理论中心组学习，认真抓好形势政策宣讲教育，带头深入教室听课，带头讲新生第一课、讲党课，主动听取师生和校友意见，积极参加学生大型活动。校党委副书记直接分管宣传工作，宣传部部长进党委班子，党委其他同志努力落实好“一岗双责”。

第四，学校以“五风”(清明政风、清净校风、清正教风、清新学风、清纯党风)

为抓手，构建清廉校园建设新格局。进一步健全党委统一领导，党政分工合作、协调运行的工作机制，严格执行“三重一大”决策制度，强化监督体系，推动全面从严治党向纵深发展，为高水平高职学校建设提供坚强政治保证。

## 三、畅通主渠道，构建“系统设计、师生同修、专题定制、线上线下、立体实践”的教育体系

学校党委高度重视课堂和校园建设，将之作为意识形态育人主渠道和主阵地。2015 年 9 月，在全国高职院校率先成立马克思主义学院，下设 7 个教研室、9 个校内研究机构和 1 个中国特色社会主义理论体系研究中心，依托思想政治理论课的 2 门省级精品课程进行“三体四用”的教学改革，把思想政治理论教育与职业素质教育、文化育人有机融合，发挥思想政治理论课在意识形态主渠道建设中的关键作用。学校积极推进习近平新时代中国特色社会主义思想“三进”工作，实施思想政治理论课建设“一把手工程”，加强顶层设计和组织领导，办好思想政治理论课。

学校实施思想政治理论课专兼职教师集体备课制度，推行思想政治理论课“小班化”(50 人以内)教学，“小班化”比例 80%以上，深化专题教学改革，打破“一门课程，一本教材，一个教师，一讲到底”的传统教学模式，构建“一次课前演讲、一份课堂活动总结、一本课程笔记、一篇读书心得、一次知识竞赛、一次社会实践”的“六个一”课程形成性考核模式；组建“习近平新时代中国特色社会主义思想”学生骨干班，每年组织师生前往井冈山、西柏坡、延安、遵义等革命圣地开展“革命旧址讲新课”“革命理想高于天”等主题实践教育活动，融合第一、第二、第三课堂，构建重点突出、层次分明、全员覆盖、师生同育、多节点、多层面的立体化教育体系。

以“为谁培养人”为根本指向打造“金院好课堂”。严格落实“学术研究无禁区，课堂教授有纪律”的要求，严格执行师德教风一票否决制。提出“只有中共党员才能任教思政课”的要求，实施新进教师必须和老教师结对三年培养的“青蓝工程”；建立校院两级的教学督导制度，实行全校范围的督导听课、中层以上干部听课、“推门听课”制度，加强教学督查，校级专职督导由师德高尚、教授水平高的思想政治理论课教师担任；加强课堂管理，打造“金院好课堂”。强化校园宣传文化阵地管理，建立了经常性的检查和反馈机制，宣传部、团委、各院系加强论坛和讲坛的管理，“凡活动，必审批；谁审批，谁负责”，切实落实意识形态工作责任制。持续开展“全校师生同修三门思政理论课”活动。

## 四、守好主阵地，形成“全心、全员、全程、全面、全体、全景”的育人新格局

学校进一步加强思想政治工作，构建“全心、全员、全程、全面、全体、全景”育人工作格局，将教书与育人、党建与育人、实践与育人、文化与育人、环境与育人、校友与育人有机结合。大力实施校院两级党员领导干部“四个一”制度，做到层层对接、联系紧密，领导班子成员主动结对联系至少一个党支部、一个寝室、一名高层次人才，至少讲一次党课；中层干部结对联系一个党支部、一个寝室，讲一次党课，每周进一次学生食堂；全体教工党员结对联系学生寝室。推进基层调研制度化，党员领导干部定期下基层调研，进课堂、进支部，深入学生寝室，了解基层情况，走访倾听需求，解决实际难题，积极助力学子成才成长，促进教学质量提升。坚持“五政”（勤政、廉政、俭政、善政、优政）同构、“五风”（保持党风、改进政风、提升教风、引领学风、优化校风）同建、“五廉”（党政重廉、监督促廉、制度固廉、教育启廉、文化润廉）同行，实现党风廉政建设常态化。

学校不断完善“关爱学生进步、关注学生困难、关心学生就业”工作体系，服务与支持学生成长成才，毕业生成长发展好，社会评价高。坚持“职业素质与职业技能培养并举”方针，以学生“千日成长”工程为抓手，深入实施以“品德优化、专业深化、能力强化、形象美化”为主要内容的学生职业素质提升工程，按照“一年熟练岗位、三年成为骨干、五年成为主管、七年实现发展、九年成就事业、一生平安幸福”的要求，积极推进职业生涯规划和创业就业教育，人才培养工作取得显著成效。

当前，学校紧紧抓住入选中国特色高水平高职学校和专业建设单位这一契机，继续以“十大育人体系”为载体，不断深化学生“千日成长”工程。围绕“立德树人再奋进”主题，整合课程、科研、实践、文化、网络、心理、管理、服务、资助、组织育人载体，着力推进精准思政，创新思想政治工作方式方法，继续打好提高学校思想政治理论课质量和水平的攻坚战，完善党建引领育人机制，把学生党建工作打造成学生成长成才的政治和思想引擎。坚持“以生为本”理念，落实《进一步深化学生“千日成长”工程，完善“三全育人”工作机制的实施意见》，以明理学院成立 10 周年为契机，总结新时代高职院校素质教育新经验。创办君子学堂，继续做好淑女教育，办好银领学院，夯实订单式人才培养模式。加强体育、美育、劳动教育，优化发展服务型学生工作体系。继续实施“金鹰银雁计划”，培育品质金院学子，完善发展服务型学生心理健康教育工作体系，进一步做好学生心理健康教育。做好文明寝室建设和“奖勤助贷补免”等工作，全面提升服务学生水平。

创新育人工作载体和方法，将“互联网＋”的技术优势引入育人工作中，大力提升育人工作实效性。

## 五、加强管理引导，做好意识形态定期分析研判

认真学习贯彻全省防范抵御宗教向校园渗透工作会议精神，落实《高校党组织抵御和防范宗教向校园渗透工作责任制》的要求，把马克思主义宗教观融入思想政治理论课；坚决杜绝非法宗教进校园，坚决避免校园和寝室出现宗教活动和传教行为，坚决杜绝课堂上出现宗教传播活动。党委宣传部、学工部、团委、马克思主义学院、各院系党组织各司其职，做好党的宗教方针政策和法律法规的宣传教育；对个别学生因家庭影响有宗教信仰或有可能参加校外宗教活动的情况，学校有针对性地进行排查，并进行面对面谈心谈话，同时加强信息建设，辅导员、班主任、主要学生干部关注各类宗教活动，发现问题及时上报，防止宗教向校园渗透。

学校党委注重通过师生思想状况调查、意识形态领域安全隐患排查分析、生情尤其是特殊群体学生情况的经常性的摸底调查等方式，对重大事件、敏感问题有针对性地进行部署引导。一是党委定期研判。学校党委每年会专题研究意识形态工作，由党委主要领导牵头，分管领导负责，宣传部、学生处、保卫处、马克思主义学院等部门做好高校稳定隐患排查化解和校园意识形态领域动向与对策研析工作，及时掌握舆情动态，提出对策措施。二是建立经常性的、动态的分析研判机制。学生工作委员会、校园综合治理委员会每月进行一次分析研判，党委宣传部、团委、各系党总支负责日常的信息监控、研判、引导等。三是掌握情况及时处置。发现日常问题，分管领导会组织相关部门有针对性地处置，确保把问题处理在萌芽状态。

## 六、延伸工作手臂，激发网络意识形态工作正能量

学校致力于让网络空间更加清朗，发挥思想传播正能量。建立校园网络舆情搜集和研判机制，定期收集校内外各类论坛、微博、微信等网络媒体中的师生动态，努力把握网络传播和教育引导的规律，及时把握师生思想动态。推进媒体融合，探索构建“互联网＋”宣传文化机制，推进新兴媒体建设，形成了“校报＋校网＋微信公众号矩阵＋微信群＋QQ 群＋百度贴吧”的媒体共享平台。把党的思想建设和核心价值观宣传引导融入开学季、迎新季、教师节、爱生节、校友活动日、招生就业等学校日常工作中，深受师生好评。规范网络信息传播秩序，落实

校园网络使用实名登记制度和网络工作责任制度，开展新媒体排查备案工作，对所有以学校或在校师生名义运营的微信公众号、贴吧、QQ群进行排查登记，严密防范意识形态领域的网络渗透。

## 七、关注师德师风，强化队伍保障

在加强师德师风建设方面，学校颁布了《师德教风提升工程实施意见》，以提高教师思想政治素质、职业素养和职业道德水平为重点，以关爱学生、教书育人为核心，以"爱国守法、敬业爱生、教书育人、严谨治学、服务社会、为人师表"的师德规范为准则，弘扬高尚师德，强化师德教育，增强广大教师教书育人的责任感和使命感，引导广大教师自觉践行社会主义核心价值观，激励广大教师立德树人，以师德师风、人格魅力和学识魅力教育感染学生，以实际行动深化"关爱学生进步、关注学生困难、关心学生就业"，努力做学生健康成长的指导者和引路人。

在提升教师思想政治教育能力方面，贯彻落实《关于开展浙江金融职业学院教师思想政治教育能力提升工程的意见》《高校思想政治工作质量提升工程实施纲要》《浙江金融职业学院教师师德修养与思想政治教育能力提升计划实施办法》，进一步健全各项规章制度，完善教育教学规范、学术研究规范，将思想政治教育能力作为教师考核的主要指标，使教师的思想政治教育能力在制度上有抓手，在行为上有对照，在管理上有规范，在评价上有依据，增强教师的政治意识、阵地意识和政权意识，使校园成为传播社会主义主流意识形态的主阵地。通过加强课堂管理，实行全方位听课制度，坚决杜绝不当言论上讲台。在师资引进、职称评审、评奖评优等方面加强党的话语权，实行意识形态、师德师风重大问题一票否决制。坚决杜绝教职员工发表错误言论、散布政治谣言的现象。

在建设意识形态三支队伍方面，一是按照1∶350的比例配足配强思想政治理论课专任教师队伍。建立思政专职教师任职资格制度，把中共党员、政治立场作为教师聘用的首要标准。二是按照1∶200的比例配足配强辅导员队伍。学校全体党政领导齐抓共管学生日常思想政治工作，副校长和党委委员、宣传部部长亲自承担思政课教学任务。二级学院学生数超过1500人的，配备党总支专职副书记，二级学院团总支书记由科级以上干部担任。一线从事思想政治工作的专职辅导员、组织员、公寓辅导员和兼职班主任超过200人，占在校教职工总人数的40％。三是培养学生骨干，发挥学生自我管理的功能。成立学生新闻中心，建立学生舆情队伍、评论员队伍和新媒体建设队伍，开展舆情监控和引导、校园媒体管理、新媒体建设等工作，充分发挥学生自我教育、自我管理和自我引导功能。

## 八、建设网络文化阵地,营造网络文化环境

继续办好用好校报、宣传橱窗、电视台、学校官网、官方微博、官方微信、微视频等平台,不断创新完善校内新闻宣传媒体管理模式,整合形成全方位、多层次、多声部的主流舆论矩阵。牢固树立新媒体思维,着眼网络社会学生思想特征,主动占领"两微一端"。面对互联网和新媒体给意识形态工作带来的挑战,学校党委宣传部着力维护网络意识形态安全。对本单位及本部门网站、新媒体,履行主体责任,牢牢掌握网络意识形态工作主导权,教育引导广大师生践行网络文明,弘扬网络正能量,严密防范网上意识形态渗透,旗帜鲜明地开展网上舆论斗争。进一步做好网站信息的有效发布与安全维护,做好网络舆情信息的收集与监控、研判与引导。建立二级网络信息员队伍,定期收集校内外各类论坛、微博、微信等网络媒体中的师生动态,努力把握网络传播和教育引导的规律,研判各类舆情,及时将研判结果应用于日常管理和思政教育工作中。

# 第四章

## 发挥主渠道作用，<br>提升思想政治理论课的亲和力和针对性

高校作为意识形态工作前沿阵地，肩负着马克思主义理论教育与研究、培养社会主义事业合格建设者和接班人的重要任务。高职院校作为高校的重要组成部分，在推进马克思主义理论教育与研究、巩固意识形态主阵地、弘扬社会主义主旋律等方面理所当然要发挥积极的作用。思想政治理论课是对大学生进行系统的马克思主义理论教育和思想品德教育的主渠道，是帮助大学生树立正确的世界观、人生观、价值观的重要途径。近年来，中共中央高度重视思想政治理论课建设工作，先后下发了《关于进一步加强和改进大学生思想政治教育的意见》《关于进一步加强高等学校思想政治理论课教师队伍建设的意见》《普通高校思想政治理论课建设体系创新计划》等系列文件，全国各个高校对此积极响应，广泛参与，取得了良好实效。

课堂教学作为一种以班级授课制为组织形式的教学活动，是思想政治理论课程实施的主要途径和中心环节，是大学生思想政治教育的主渠道，其效果如何在很大程度上直接决定着思想政治教育的有效性程度。增强思想政治理论课的亲和力、感染力、针对性和现实性，充分发挥其在大学生思想政治教育中的主渠道作用，具有非常重要的理论意义和现实意义。

## 第一节　思想政治理论课的本质特征与功能

思想政治理论课作为落实立德树人根本任务的关键课程，是开展学生思想政治教育的主渠道，关涉着学生世界观、人生观、价值观的形成，对学生的思想政治素质养成具有不可替代的作用。正所谓教育强则国强，理直气壮办好思想政治理论课，发挥思政课对全社会思想文化建设的促进作用，不仅对巩固马克思主义在我国意识形态领域的指导地位，促进中国共产党带领中国人民推进“四个伟大”、增强“四个自信”、实现“两个一百年”奋斗目标具有重要意义，而且对正处在人生起步阶段的青年个体来说，是契合青年发展特点、符合青年成长规律的内在要求和必然之举。处于“拔节孕穗期”的青年要想顺利成长成才，在意识形态斗争异常激烈的今天，必须坚持政治性和学理性相统一，坚持价值性和知识性相统一，坚持建设性和批判性相统一，坚持理论性和实践性相统一，坚持统一性和多样性相统一，坚持主导性和主体性相统一，坚持灌输性和启发性相统一，坚持显性教育和隐性教育相统一，教育引导他们正确认识世界、全面了解国情、把握时代大势，形成符合一定社会发展水平和发展要求的思想道德素养与思想政治素

质。必须清醒认识到思政课在育人过程中的不可替代性，认识到毫不动摇地加强思政课，理直气壮办好思想政治理论课，对于全面贯彻党的教育方针，维护社会稳定和促进国家发展，培养德智体美劳全面发展的社会主义建设者和接班人都具有不可或缺的现实意义。

## 一、思想政治理论课的本质特征

习近平总书记在2019年3月18日主持召开学校思想政治理论课教师座谈会并发表重要讲话，从党和国家事业长远发展的战略高度出发，深刻阐明学校思政课的重要意义，就如何办好新时代思政课作出部署、提出要求，为做好新时代学校思想政治工作、培养担当民族复兴大任的时代新人提供了重要遵循。办好思想政治理论课，最根本的是要全面贯彻党的教育方针，解决好培养什么人、怎样培养人、为谁培养人这个根本问题。这个问题解决得如何，直接关系到中国特色社会主义事业是否后继有人，关系到能否顺利实现中华民族伟大复兴的中国梦。高校要坚持社会主义的办学方向，就要高度重视社会主义主流意识形态的建设，用马克思主义理论和社会主义核心价值理论体系武装学生的头脑，帮助他们树立正确的世界观、人生观和价值观。而高校思想政治理论课，正是一种以马克思主义理论教育和思想品德教育为核心，以反映和宣扬无产阶级意志和社会主义主流意识形态为任务，以培养和塑造具有正确的政治方向、坚定的政治信仰和良好的道德素质的社会主义事业建设者和接班人为目标的课程，规定性、政治性、思想性是其鲜明的本质特征。

### （一）规定性

思想政治理论课作为一门反映和倡导社会主义主流意识形态的课程，其肩负的神圣使命决定了必须通过国家的统一规定来确保其实施的统一性和规范性。因此，在我国各级各类高校，都要开设一定数量的思想政治理论课，通过课程形式对大学生进行思想政治教育，这是我国高校一贯的独有的办学特色，它体现了社会主义大学的本质特征。对于思想政治理论课程的内容、设置和课时量，国家作了明确的规定，任何学校和教师都不能擅自更改课程内容、调整课程设置和缩减课时总量，必须在国家的统一安排规定下严格实施教学，这充分体现了思想政治理论课特有的规定性。

### （二）政治性

思想政治理论课是每一个大学生的必修课，但它又不是一般意义上的必修

课，而是一门事关大学生政治方向性的课程，从根本上关系到培养社会主义事业的建设者和接班人的大问题。思想政治理论课从维护、巩固和发展中国特色社会主义事业的高度，着眼于对大学生进行系统的马克思主义理论教育和党史国情教育，通过传授以马列主义、毛泽东思想、邓小平理论、"三个代表"重要思想、科学发展观、习近平新时代中国特色社会主义思想等体现社会主义主流意识形态的重要理论来武装学生的头脑，使学生掌握马列主义及其中国化最新理论成果，坚定政治方向和政治信仰，全面提高自身的思想政治素质。

### （三）思想性

思想政治理论课不仅具有鲜明的政治教育性，而且它还十分注重对学生思想观念的引导和教育。进行思想政治理论课教育教学，从根本上来说是为了使学生掌握马克思主义的立场、观点和方法，能够自觉运用这一科学的世界观和方法论分析问题和解决问题，并树立科学的世界观、人生观和价值观。大学生思想政治教育的重点和难点是解决大学生深层次的思想认识问题，思想政治理论课旨在通过对大学生进行以世界观、人生观、价值观和理想信念教育为核心内容的思想教育，从根本上解决大学生思想上存在的种种困惑，从而达到转变学生思想的目的。

## 二、思想政治理论课的功能

根据上述对思想政治理论课本质特征的梳理，我们可以将思想政治理论课的功能归纳为三个方面。

### （一）政治导向功能

思想政治理论课的实施过程，实质上是把社会的主导价值观念内化为学生个体思想政治观念，从而使学生按照社会所期望的政治方向发展的过程。邓小平早在 1978 年全国教育工作会议上就强调指出："学校应该永远把坚定正确的政治方向放在第一位。"①思想政治理论课为整个学校实施政治教育提供了重要的途径和鲜明的政治导向，其主要表现为通过向学生传授马克思主义理论和党的基本理论、路线、方针、政策、纲领等体现社会主义主流意识形态的理论知识，促进大学生的政治认知深化和政治认同，使大学生掌握社会主义的核心价值观与马克思主义的世界观和方法论，增强爱国主义情怀并树立正确的世界观、人生

---

① 邓小平文选(第 2 卷)[M]. 北京：人民出版社，1994：104.

观和价值观,从而逐步树立起明确的政治意识和坚定的政治信仰,养成现代社会公民所必须具备的政治素养。

### (二)育人功能

思想政治理论课教学是一种育人活动,培育和塑造适应中国特色社会主义现代化建设需要的高素质人才是思想政治理论课所特有的重要功能。思想政治理论课的育人功能主要体现在三个方面。一是德育功能。德育即“育德”,指个体品德的培养与教育。“品德”是一种个体现象,是社会的思想道德规范在个体思想和行为中的表现。[①] 思想政治理论课通过对大学生进行系统的马克思主义教育和思想品德教育,可以引导和帮助学生正确地认识客观世界和改造主观世界。具体说来,即用马克思主义的辩证唯物史观认识世界的本质和社会历史的发展规律,并树立科学的世界观、人生观和价值观,从而促使个体思想道德不断社会化,形成社会所需要的良好品德。二是智育功能。思想政治理论课作为一门以马克思主义理论教育为核心的综合性课程,涵盖了哲学、经济学、政治学、社会学、伦理学等诸多学科的知识。它代表着先进文化的前进方向,是传播先进文化的重要途径。学习思想政治理论课,能使学生获得丰富的文化知识,从而较好地提升学生的智能。三是心育功能。所谓心育,是指有目的、有计划地对学生的心理施加直接或间接的影响,使学生提高心理健康水平,发展其个性的教育。学生的心理健康状况直接关系到其能否健康成长成才,思想政治理论课能帮助学生培养坚强的意志品质,塑造健康的人格,养成良好的心理素质。

### (三)整合功能

在我国高校,对学生进行思想政治教育的形式多样,既有直接方式也有间接方式;既有显性的思想政治教育活动,也有隐性的思想政治教育活动等。然而,任何一种教育活动中蕴含的思想政治教育因素在未经教师有意识地整合之前都只是一种零星的、分散的、缺乏整体感的杂乱无章状态。各种因素相互影响作用,最终使学生思想道德发展依然处于一种“自然生长状态”,是一种学生成长的环境因素,还不能成为影响学生成长的教育性经验。思想政治理论课作为一种直接学科课程,是系统性、整体性和理论化层次最高的课程,具有把其他类型、性质的教育渠道中的思想政治教育因素进行整合的功能,使在其他教育渠道和形式下所形成的感性认识或零星的观点和思维在理论上得到提升,形成整体的思

---

① 张建文.思想政治课程与教学论[M].北京:人民出版社,2008:143.

想政治素质的功能。①

## 第二节 影响高校思想政治理论课教学效果的因素分析

### 一、教学内容

教学内容是连接教师与学生的重要中介，教学过程本质上是以教学内容的传递与获取为中心的师生交往活动。学生作为教学活动中的认识主体，通过发挥自身的主观能动性来获取教学内容中所蕴含的知识信息。而学生从教学内容中获得有效信息的多寡，取决于教师所呈现的教学内容能否与学生已有的知识经验或实际感受建立起某种联系，亦即能否使学生凭借已有的知识结构和水平较好地接纳新知识的传授。教师对教学内容的组织和呈现不能只考虑是否合乎教学大纲中的内容要求，还要考虑到教学内容的呈现方式是否易于学生接受，是否符合学生的思想实际、心理特点和思维规律。

#### (一)教学内容的呈现需要对教材进行演绎再现

教材是教学内容的重要来源和物质载体，但并非教学内容的全部。教材内容是静态的和相对稳定的，它是对教学内容和学生学习结果的某种预设。而教学过程是教师、学生、教材、教学环境诸因素交互作用的动态过程，教学活动的复杂多变性决定了教师需要在特定的教学情境中根据实际情况对教材内容进行加工处理，形成具体而有效的教学内容。因此，教学内容不是原原本本的教材内容的再现，而是在动态的教学过程中创造的鲜活内容。一般来说，教材内容所阐述的知识较为理论化和抽象化，照本宣科必然导致教学内容显得单调乏味，自然也就难以激起学生的学习兴趣。然而，部分思想政治理论课教师在教学中常常只是简单机械地传递教材内容，不注意根据具体的教学情境及授课对象的心理特点和思想实际对教材内容进行转化处理，缺乏对教材内容个性化的演绎和创造。例如，课堂上所呈现的教学内容往往一成不变地按照教材的编写顺序从概念到理论原理再到社会意义，固定“三部曲”，带着浓重的八股气息，从而导致思想政治理论课教学内容以枯燥乏味的面目呈现在学生面前，课堂教学因此变成教教

① 骆郁廷.高校思想政治理论课程论[M].武汉:武汉大学出版社,2006:47-48.

材的刻板活动。另外，对于教学内容中涉及的专业术语和一些超出了学生现有认知水平的理论难点，教师在讲授时缺乏必要的解释和深入的分析，不善于将较为抽象空洞的理论进行加工处理，逐层逐步地转化为学生易于理解和接受的授课内容。

### (二)教学内容的呈现不能脱离社会实际和现实生活

大学生是生活在现实社会环境下的活生生的个体，现实的社会及存在于其中的一切事物，都会以潜移默化的方式悄然改变学生的思想观念，并对其产生较大的渗透和影响作用。尤其是随着当前我国改革开放的持续深化和市场经济的快速发展，整个社会发生了翻天覆地的变化，社会各领域涌现出了许多新事物和新问题。处于生命力最旺盛时期的大学生视野开阔、思维活跃、好奇心强烈，对新生事物和社会热点问题较为关注，他们十分渴望教师的授课内容紧贴社会实际和现实生活。思想政治理论课教师要充分认识到思想政治理论课是一门在实践中不断丰富和发展的博大精深的学问，及时扩充自己的知识面和信息量，避免脱离当前社会实际地将同样的内容在数届学生中讲无数遍，致使学生误认为思想政治理论课所讲授的是一套空洞无用的过时理论，甚至由此产生较强的抵触心理。

### (三)教学内容的呈现必须符合学生的心理特点和实际需求

根据接受心理规律，学生作为知识的主动接受者，是依据其心理特点和自身需要对外界信息进行选择性吸收的。对于那些切合学生实际需求的知识信息，学生会采取积极主动的态度接受并内化，反之则视为无效信息而“屏蔽”。因此，要使教学内容尽可能被学生吸收进头脑中，教师需要对学生的心理特点和真实需要有深入的了解。需要是产生动机的内驱力，教师所呈现的教学内容对学生的吸引力，取决于它满足学生需要的程度。思想政治理论课教学固然要服从和服务于社会发展需要，但这绝对不等同于可以忽略学生的个体需要。相反，只有从学生的实际需要出发组织教学，使个体需要得到基本的满足后，再由此逐步上升到社会需要的高度，才能促使学生将自我需要与社会需要紧密结合在一起，正确看待社会需要与个人需要之间的关系，继而引导和教育学生在满足社会需要中实现自我价值。然而，传统的思想政治理论课教学在很大程度上体现的是国家与社会作为主体对客体的要求，缺乏大学生作为主体要求的换位思考，与大学生的思想和生活实际存在一定程度的脱节，因而导致思想政治教育在许多学生的心目中成为脱离现实生活的空泛说教，离学生的真正需要和实际诉求还有一

定差距。部分教师呈现的教学内容仅仅是对现行方针政策的生硬解读，缺乏对理论的深刻认识和体验，并且较少会从学生易于掌握理解的角度去讲清讲透背后蕴藏的深邃思想，由此导致教师授课时往往只能照本宣科地传递教材内容，而未能用自己特有的方式使教学内容“活起来”。

## 二、教学方法

“所谓教学方法，是指在一定的教学观念的指导下，为了在教学过程中达到教学目的，完成教学任务而采取的一整套操作策略。”[①]教学方法是构成教学过程的主要因素之一，它是作为外化形式并在教学实践中发挥作用的。教学方法的好坏直接关系到教学任务的完成及教学绩效的优劣。目前，高校思想政治理论课教学方法实施中存在的主要问题在于教学方法实施的呆板单一及教学方法的改革创新流于形式，实效性不高。

教学方法的实效性，是指该课程教学中所选用的教学方法对于该方法应有功能的实现程度。近些年来，随着国家新课程方案的实施，在国家政策的鼓励引导下，不少思想政治理论课教师开始积极探索诸如案例法、讨论法、专题讲授法等多种方法教学。每种教学方法都有其独特的优势，但若不能合理使用，不仅不能充分发挥其应有的功效，反而会造成种种不良后果。以思想政治理论课为例：在典型教育和榜样示范方面，案例教学法发挥着其他教学方法无法比拟的重要作用，但在具体操作中，教师所选案例若不具有代表性和普遍性，且远离学生的思想和生活实际，学生便难以将其与已有知识和自身实际相联系，也就难以实现通过案例来教育、说服学生的目的；在培养学生的思辨能力、表达能力、分析和解决问题的能力方面，讨论教学法具有极大的优势，但在实施过程中教师若不善于引领和把握整个讨论的方向和节奏以及对学生的发言进行总结点评，而仅仅只是在形式上让学生发言讨论，讨论教学法也就无法起到让学生在思辨中成长的作用。因此，评价教学方法的好坏，不是看其形式上是否创新，而是看其能否真正发挥应有的功效。

课堂教学研究的一大重点就是对作为其重要组成部分的教学方法进行研究。教学方法是课堂教学策略的具体体现，其选择与运用要综合考虑诸多因素，并且要根据课堂教学的实际情况使其与具体的教学目标、教学内容和教学环境等相匹配，才能使教学方法富有成效。而要做到合理选择与正确运用教学方法，使其充分发挥应有的功效，就必须立足于对课堂教学深入的理论和实践研究。

① 骆郁廷. 高校思想政治理论课程论[M]. 武汉：武汉大学出版社，2006：202.

另外，教学方法的合理设计和有效实施要求教师具有丰富的教学理论知识和较强的筹划设计、组织协调、灵活应变、实际操作能力。

与此同时，必须充分考虑“00后”大学生的思维特点和接受心理，他们是在经济市场化、利益多元化、价值多元化的社会环境中成长起来的，这一时代背景使他们具有思维方式现代化、精神需求多样化的特征以及较强的自我选择和发展意识，呆板单一、单向灌输的教学方法无法提高学生对思想政治理论课的学习热情和兴趣，要加强师生之间的双向互动，开展必要的基于学生学习情况的调研，创新课堂教学方法，丰富教学设计载体。

## 三、教学态度

教学既是一种认知的过程，也是一种情感的过程。认知与情感既是教学的目标，也是教学的手段。学校教育的目标是培养人格健全、全面发展的完整的人。作为完整的人，认知与情感都是不可或缺的。正如列宁所说的：“没有‘人的感情’，就从来没有也不可能有人对于真理的追求。”①首先，从教学态度的角度来看，许多教师往往缺乏情感的投入，知识灌输完了就算是完成了教学任务，其结果是思想政治理论课教学变成枯燥乏味的政治说教，学生的学习兴趣和学习热情也随之降低，教学效果不可避免地受到影响。其次，从教学手段的角度来看，情感教学作为一种教学手段未能得到较好的运用。人的情感往往是内隐的，需要通过一定的行为或情境将其激发出来。把情感作为一种教学手段，实际上是一种以情动情、以情优教的教学思想的体现。相对于单纯的讲授知识，富有情感因素的教学活动更能加深学生对知识的认同，从而更好地提升课堂教学质量。因此，教师应该充分意识到情感是一种十分重要和有效的教学手段，积极创设适宜的教学情境，学会从教学内容中挖掘真善美的教育因素实施情感教学。再次，从教学目标的角度来看，根据国家新颁布的课程标准，教学目标可分为“知识与技能”“过程与方法”“情感态度与价值观”三维目标。对于高校思想政治理论课而言，其教学目标更加侧重于对学生情感态度与价值观的培养。

情感教学的缺失，有种种原因，而其中最根本的是部分教师对马克思主义未能做到真信。信仰是一切行动的精神支柱和内在动力，它能催发出热爱之情，并进而转化为源源不竭的强大动力。作为一名思想政治理论课教师，只有自己怀有坚定的信仰，讲起课来才能有血有肉、底气十足，才能对学生动之以情、晓之以理，才能把思想政治教育工作真正做到学生心坎上。试想，如果连思想政治理论

① 列宁全集(第25卷)[M].北京：人民出版社，1988：117.

课教师自己都不信仰马克思主义理论，对自己所讲的东西都持怀疑甚至排斥的态度，又怎么用澎湃的激情去引发学生的情感共鸣呢？由于我国的特殊国情，应试教育成为我国长期以来选拔人才的较为公平和有效的措施，但以知识本位观为特征的应试教育体制使得教学过分注重知识和技能的传授而忽视了对学生情感态度与价值观的培养。在处理教育过程中情感目标与认知目标关系的问题时，常常把情感目标作为认知教育的附属物。另外，现行的考评机制仅能考查学生的理论掌握水平，而不能反映出学生的思想道德素质状况和情感态度。例如，有的学生考试分数很高，但是其情感、道德方面的修养未必很好。因而，传统的知识本位观和现行的考评制度导致思想政治理论课教学忽视对学生的情感教育，情感教学目标未能得到较好的实现。

## 第三节　提高高校思想政治理论课教学效果的对策

### 一、改变教学内容的呈现方式，赋予教学内容鲜活的生命力

#### （一）深入了解授课对象，做到"三个贴近"

1. 贴近学生的真实需求和实际生活

学生是教学活动的主体和中心。在教学活动中，教学效果如何最终是以学生的实际收获情况来体现的，只有学生从心理上接受和认可了，授课内容才能真正进入学生头脑。而要使学生从心理上自觉自愿地接受教学内容，教师首先需要对学生的真实需求、心理特点、思想实际、生活实际等各个方面有充分的了解。建构主义学习理论指出，学习者知识的获得是依据自身需要主动捕捉信息的过程，学习主体对于外界信息的吸纳程度，取决于其满足学习主体自身需要的程度。因此，教师唯有充分了解学生的真实需求和实际生活，切实帮助学生解决思想上的困惑，把学生从被动听讲的接受者转变为主动参与学习的需求者，才能让学生敞开心扉接受教师传授的理论，从而使思想政治理论课课堂教学真正富有成效。

2. 贴近学生的认知水平和认知结构

美国著名教育学家杜威对于教育的本质有深刻的认识，强调"教育是经验的重组与改造"。学生作为认知活动的主体，是以其已有的知识经验为基础对外界客体信息进行解码和加工处理的。当外界的客体信息与主体已有的知识经验相吻合时，就较容易被主体所接受并进而转化为自己的知识经验；反之，外界的客

体信息就很难对认知主体产生刺激作用。长期以来,思想政治理论课教学的一个突出问题就是教师忽视了学生已有的认知结构和认知水平,所呈现的教学内容过于理论化和抽象化,经常不加任何解释说明,"从理论到理论"地生硬讲解。因此,思想政治理论课教学内容要真正进入学生头脑,教师首先要充分了解学生已有的知识经验,然后在新旧知识之间找到一个契合点,使教学内容尽量以学生最容易接受的形式呈现出来。其次,理论知识的教学要经历一个由简入繁、由浅至深、循序渐进的过程。学生的知识是在日复一日的学习中逐渐积累起来的,若是将理论知识"填鸭式"灌输给学生,将会造成学生对知识的"消化不良"。教学过程中,应先易后难,先以简单生动的内容与学生原有的认知结构建立起联系,然后由简入繁、由浅至深地丰富教学内容,在循序渐进中使教学内容被学生较好地消化吸收。

3.贴近时代发展和社会现实,加强对学生的正面引导

从目前状况来看,思想政治理论课教学之所以不大受学生欢迎,主要原因就是理论与时代发展和社会现实联系得不够紧密,教学内容一直处于一种相对滞后的状态,教学内容中所呈现的一些观点与迅速发展变化的社会现实不相符合,特别是随着我国改革开放的持续深化和市场经济的快速发展,我国经济社会发生了翻天覆地的变化,社会各领域涌现出了许多前所未有的新事物和新问题。思想政治理论课的教学内容也要与时俱进,在忠实于教材内容的基础上广泛关注社会的政治、经济、文化生活等各个领域,及时捕捉最新形势和社会热点,并尽量将这些鲜活的素材融入教学内容中,使教学内容紧贴时代发展和社会现实。相应地,作为一名思想政治理论课教师,只有始终保持刻苦钻研、与时俱进的态度,才能及时了解社会动态,掌握党和国家的最新方针政策。这是每一位高校思想政治理论课教师的必备素质,也是上好思想政治理论课的必然要求。

另外,由于教师所呈现的教学内容要紧贴社会现实,而现实的社会是一个矛盾和问题无时不有、无处不在的社会,其中有的问题表面上超过了马克思主义原创理论体系的解释范围,因而深深地困扰着学生,动摇着他们对马克思主义理论的信仰。例如,有学生质疑:既然社会主义制度无比优越,社会主义终将取代资本主义,那么为什么当今欧美等发达资本主义国家和地区比社会主义国家发展得好,并且根本没有灭亡的迹象?为什么当前我国社会存在诸如失业下岗、干部腐败、分配不公及贫富悬殊等许多问题?对于这类问题,教师是不能回避的,而要加以正确的引导。教师要站在当代社会的前沿,以辩证唯物主义和历史唯物主义的基本观点为指导,理论联系实际,透过社会中出现的新情况和新问题的表面看其本质,运用科学的理论进行深入分析,以揭示问题产生的原因及实质,并

坚定地表明立场和观点，肃清任何错误的、反动的观点，以帮助学生坚定立场、明辨是非。

### （二）激活教材内容，构建动态生成的教学内容

教学不是教教科书，而是用教材教书。激活教材内容，就是教师从静态的文本教材出发，根据具体的教学对象和教学情境进行教学内容设计，使其以学生喜闻乐见的形式呈现出来。例如，概念教学是思想政治理论课教学的重要内容，传统的概念教学中，教师讲授概念只是简单地重复几遍，或仅在阐述教材中的概念之后稍作一番简单的解释，由此导致学生对概念的理解并不深刻，日后需要死记硬背才能记住某一概念，并且还无法准确了解此概念的具体内涵和外延。针对这一问题，可以借鉴西方“概念获得”的教学模式。实施“概念获得”的教学模式时，教师并不需要将概念直接教给学生，而可以提出一对或一组正反例证，让学生自己通过比较、对照、分析正反例证的属性，提出假设，验证假设，并最终对概念命名。① 通过此方式获得的概念，必定能让学生真正了解其内涵，对其印象深刻而难忘。再如，教师在讲授教材中的某一原理时，不必急于作出结论，而是应该设计一系列智力活动引导学生得出结论。教师可以先创设问题情境，将学生的注意力转移到与某一结论相关的具体问题中，然后引导学生观察现象、发现问题、分析问题，并初步得出结论。当学生在教师的逐步引导下所作出的回答几近正确时，教师要适时地将教材中的结论展现出来，这样就可以在解决问题的过程中激发出学生的学习兴趣，构建动态生成的教学内容。

### （三）增加学术含量，促进思想性和学术性的有机统一

思想政治理论课的教学内容具有鲜明的思想性和浓厚的学术性。正确认识和处理二者之间的关系，是使教学内容富有生命力和吸引力的关键所在。思想政治理论课的根本目的在于帮助大学生树立正确的世界观、人生观和价值观，因而保证其教学内容的思想性自然不必多说，这里着重谈谈增强教学内容的学术性。思想政治理论课是一门关于马克思主义理论及其中国化的博大精深的学问，而非教条化的条条框框，其本身具有较强的理论性和科学性。要上好思想政治理论课，教师不仅要充当好对党和国家现行方针政策的“传声筒”，更需要从学理的角度把它讲出学术的味道。因此，作为一名思想政治理论课教师，只有不断提高自身的理论水平，才能在教学中站在较高的层次，对一些枯燥乏味和较为深

---

① 于世华.教学内容的灵活结构性[J].当代教育科学，2004(17)：24-26.

奥的理论做出有说服力的回答,并通过向学生提供丰富的理论依据和实证材料,让学生在大量的知识论证和令人叹服的逻辑力量面前自觉领会马克思主义的科学性。

## 二、构建“一法为主,多法渗透”的立体化教学方法体系

教学任务的完成,教学质量的提高,是多种因素、多种方法的合力作用而产生的优良效果,不是也不能单靠某一种教学方法。任何一种教学方法都不是万能的,都需要与其他教学方法相配合才能实现多方面的教学要求。要全面提高思想政治理论课教学效果,就不能只拘泥于一种教学方法的改进,而是要在坚持主要教学方法的基础之上积极探索其他新型教学方法,构建“一法为主,多法渗透”的立体化教学方法体系。

所谓“一法为主”,是指以讲授法为主要教学方法。讲授法从诞生到现在,因其具有信息量大、教学效率高、适用性强等特点而在课堂教学中得到了最广泛的应用。思想政治理论课教学最基本、最主要的形式是课堂教学,因而讲授法仍然是目前思想政治理论课课堂教学的主要方法之一。之所以如此,是由于思想政治理论课所涉及的内容较为理论化和抽象化,撇开讲授法是难以让学生系统、准确地掌握理论知识的,并且教学时间也是难以把握的。但是,讲授法最大的局限在于其单向灌输性会在一定程度上抑制学生积极性和主动性的发挥。

所谓“多法渗透”,是指将多种教学方法巧妙地渗透进讲授法中,通过多种方法的有机结合来弥补单一方法的不足。例如,讨论式教学法、案例式教学法、专题讲授法、启发参与式教学法等都是当前运用较为广泛且效果较好的教学方法,与讲授法相比,它们最大的优势在于有利于充分发挥学生的主体作用及培养学生分析和解决问题的能力。但是,就理论知识的系统传授而言,讲授法的优越性是其他任何一种教学方法都无法比拟的。因此,任何一种教学方法都不是万能的,其优势和局限往往同时存在,单一的教学方法是无法实现多维教学目标的。另外,运用这些教学方法时,一定要注意使其尽量贴近学生,以学生喜闻乐见的方式呈现出来。以案例式教学法为例,其能否成功运用关键在于案例选择的恰当与否。与思想政治理论课教学内容相关的典型案例不计其数,但只有选取其中学生所熟悉和关注的案例,才容易让学生理解和参与讨论,继而才能对学生起到有效的典型示范作用。若选择脱离学生思想和生活实际的案例,则会由于难以激起学生的学习兴趣和思想共鸣而导致案例教学失去应有的典型教育和榜样示范的作用。因此,针对特定的教学目标、教学内容和学生特有的思想和生活实际选择案例,是一门需要花功夫学习的教学艺术。

## (一)充分考虑制约因素，合理选择教学方法

1. 教学目标因素

教学目标是高校思想政治理论课的实施指南，它明确指出了课程应达到的总体目标和各个时期的具体目标，为教学方法的选择和教学效果的评价提供了根本的方向和标准。因此，教师在选择高校思想政治理论课教学方法时，必须首先考虑到既定的教学目标，使不同的教学方法与不同的教学目标相匹配，使教学方法始终服务于教学目标。

2. 教学内容因素

教学内容与教学方法是内在统一的，有什么样的教学内容就要求有什么样的教学方法与之相适应。对于思想政治理论课而言，它不是一门单一的课程，而是由马克思主义理论基本原理引申发展出来的一系列相关课程组成的课程体系。其中每门课程的具体内容互不相同、各有侧重，需要有针对性地采取不同的教学方法与教学内容相匹配。例如，“马克思主义基本原理概论”所涉及的内容较为理论化和抽象化，要想让理论性强的教学内容较好地被学生理解和掌握，离不开教师的详细阐述，因而适宜采用以讲授法为主的教学方法；而“思想道德修养与法律基础”是一门关于马克思主义基本原理在现实生活中的具体运用的课程，由于其教学内容较为贴近社会现实和学生的思想及生活实际，因而较宜采用讨论式教学法和案例式教学法，通过学生的积极参与、充分讨论和教师的深入分析，使教学内容真正进入学生头脑。

3. 教学环境因素

教学环境是一个由多种要素构成并相互作用的复杂系统，它为教学活动的开展提供了必不可少的场所和环境，潜在地影响着教学活动的效果和教学方法的选择。根据构成教学环境的不同要素及其发挥的不同作用，教学环境可分为硬环境和软环境。其中，硬环境主要指教学中的硬件设备和物理环境，它为教学活动的开展提供了基本的物质保障；而软环境主要包括教师的教风、学生的学风、课堂氛围、师生关系等，它是在硬环境条件下师生相互作用而产生的情感、风气、精神等方面的结果。选择教学方法时，一方面要充分考虑周遭环境和实际情况，因地制宜地选择合适的教学方法；另一方面要努力改善教学软环境，通过采取适合的教学方法来营造生动活泼的教学氛围，构建和谐融洽的师生关系，使教师与学生乐在其中。

## (二)注意遵循相关原则,灵活运用教学方法

1.耦合原则

"'耦合'是物理学的一个基本概念,是指两个或两个以上的体系或两种运动形式之间通过各种相互作用而彼此影响以至联合起来的现象。"①从本义出发,此处将耦合引申为有机结合、辩证统一、相互补充的意思。任何一种教学方法都不是万能的,都有其优势和弊端,但是我们可以"取所长,补所短",即根据教学所需选择合适的教学方法进行优化组合,从而弥补单一教学方法存在的不足,最终实现优势互补、良性互动。如:讲授法的最大优势是便于理论知识的系统传授,知识的传授主要依赖于教师的单向灌输,而教师的单向灌输会抑制学生主体性的发挥,使学生在教学活动中处于相对被动的状态。案例式教学法主要是教师围绕某部分理论知识,选择一些相关的典型人物与事件作为案例,引导学生运用理论来剖析这些案例。该教学方法的优势在于有助于提高学生分析和解决问题的能力,并且其真实生动的特点有助于克服纯理论讲授带来的枯燥乏味的弊端。但学生从案例教学中获得的知识往往是零散的、不系统的。因此,将优势互补的教学方法进行耦合可以使教学方法的有效性实现最大化。

2.启发性原则

古希腊著名学者苏格拉底曾说:"教育是点燃,而不是给予。"这句话道明了教学的真谛在于它的启发性,教学的作用在于唤醒学生的意识,点亮学生的心灵。思想政治理论课教师无论采取何种教学方法,都应遵循启发性原则,要善于从小问题入手,引导学生积极思考,层层深入,最终达到举一反三、触类旁通。例如,教师可以根据课程目标需要选择一个学生普遍熟悉且没有确定答案的问题,在做必要的引导之后,让学生凭借自己的理解,自由地阐述观点。在学生回答完问题之后,教师就可以针对这一回答进行点评,并决定是更换角度做进一步的引导还是直接转入下一问题,逐步引导学生达到课程目标的要求。

3.灵活多样性原则

教学有法,而教无定法。灵活多样的教学方法,是适应素质教育、时代发展、学生个性发展和高校思想政治理论课教学方法改革的需要,同时也是教学富有成效的重要保证,是调动学生学习积极性、主动性的桥梁和纽带。正如巴班斯基所说:"教学方法是师生为达到教育和培养人的目的而进行的相互联系活动的方

① 中国社会科学院语言研究所词典编辑室.现代汉语词典[Z].北京:商务印书馆,1994:846.

式。由于活动的方式和性质是多方面的，所以，教学方法也是多种多样的。企图制定经常使用、数目有限的几种教学方法是错误的。”①

## 三、增进师生关系，建立新型师生关系

### (一)更新教育理念，构建和谐民主的师生关系

更新教育理念，亦即树立以生为本的教育理念，实现从以教师为主体向以学生为主体的教育理念的根本转变。在传统的师生关系中，教师扮演着“驯化师”的角色，学生作为被教育的对象，不敢向教师质疑，不敢说自己的想法。而要突破在传统的伦理观念下形成的僵化的师生关系，就要求教师淡化师长身份，保持一种“师不必贤于弟子，弟子不必不如师”的谦虚心态，主动亲近学生，敞开胸襟接受学生提出来的意见和建议。除此之外，教师要积极发扬民主精神。民主的发扬是师生平等的重要保证，是学生独立意识逐步增强的必然要求，不仅有助于提升学生的参与热情，激发学生的学习兴趣，而且有助于密切师生关系，促进教学相长。在师生之间发扬民主，要求教师从保守型、封闭型、适应型、单一型和权威型的模式中走出来，抛弃试图绝对控制学生的陈旧观念，与学生平等对话、亲切交流，形成亦师亦友的师生关系。

### (二)开展教学对话，加强课堂交流

教师与学生是教学活动的直接参与者，教学活动本质上是一种师生之间的交往活动，而以教学对话为核心的课堂交流是进行师生交往的最主要方式。所谓教学对话，是一个以问答和讨论为主要形式的师生共同活动的过程，日本教学论专家左藤正夫称之为“共同解决型教学方法”。开展教学对话，教师要事先有目的地预设环环相扣的问题，然后通过提问或者讨论的形式引导学生沿着预设的问题链走向新知识的彼岸，并最终取得一致性的领悟。在对话教学中，教师不再是传授知识的权威者，而应该主动与学生讨论问题、争论疑点，鼓励学生大胆提出质疑，激发学生自由探索的欲望，在与学生的平等互动中达成理解的共同体。这样，师生双方才有可能沉浸在对话场域中，积极呼应，激发灵感，产生精神愉悦，进行深层次的思想交流，在生成性的理解中拉近师生距离、加深师生之间的相互了解和信任，从而建立良好的师生关系。

---

①　巴班斯基.论教学过程最优化[M].吴文侃，等译.北京：教育科学出版社，1982：9-10.

### (三)表达师爱,关爱学生

关心爱护学生,自古以来不仅是教师应尽的一份义务,也是表达师爱的重要方式。思想政治理论课教师作为学生的思想导师和人生导师,关心爱护学生更是理所应当。教师对学生的关心爱护,应该是全方位的,包括学生的思想、学习、生活各个方面。在思想方面,教师要充分了解学生的心理感受和思想实际。虽然思想政治理论课教师通常要面对数以百计的学生,但只要肯做一位“有心人”,其实并不难走入学生的内心世界。学生的日常行为、提交的作业和论文以及在课堂上回答问题的情况等都能或多或少反映他们的思想状况,教师要对其尽可能仔细观察和认真对待,并且要主动地、及时地、经常性地找学生谈话聊天,如此才能真正进入学生的内心世界,有针对性地解决学生存在的思想困惑。在学习方面,教师要经常关注学生的学习情况,特别是对于学习上有困难的学生,不但不能讽刺打击和冷落鄙视,反而要多关心和鼓励他们,耐心地帮助他们渡过学习上的难关,重新树立学习的信心。在生活方面,教师要尽可能地帮助那些家庭困难的学生,条件允许的话可在物质方面给予适当的资助。另外,教师要主动将一些宝贵的经验与学生分享交流,帮助学生解决现实生活中的难题。教师只有发自内心地关心爱护学生,才能赢得学生的尊重爱戴,从而建立起和谐融洽的师生关系。

## 四、实施情感教学,提升思政课的亲和力

“情感教学,就是指教师在教学过程中,在充分考虑认知因素的同时,充分发挥情感因素的积极作用,以完善教学目标,增强教学效果的教学。”①尤其是对于高校思想政治理论课教学而言,加强情感教学是促进学生形成良好人格、实现情感目标必不可少的手段。在思想政治理论课中加强情感教学可从以下三个方面入手。

### (一)融情入理,以情动人

作为人的心理活动的两个方面,情感与认知相互制约、相互促进。认知是情感的来源,认知越丰富、深刻,情感也就越丰富、深刻,而在认知的基础上产生的情感又反过来加深认知水平。将情感投入思想政治理论课教学中,不仅可以对“达理”起到辅助作用,而且它本身也具有思想政治教育的功能。融情入理,以情

---

① 卢家楣.情感教学心理学[M].上海:上海教育出版社,2000:2.

动人，首先要求教师全身心投入情感，充分调动师生之间真实的情感，用自己真挚的情感去感染学生，使教学内容引起学生的情感共鸣。而真挚的情感是一个人内心的真实写照，它来源于内心的坚定信仰，装模作样或刻意模仿出来的感情不但不足以触动学生的心灵，反倒会让学生产生反感甚至厌恶的情绪。因此，树立坚定的信仰是实施情感教学的前提条件，教师唯有发自内心地信仰马克思主义，具有勇于追求和拥护真理、为真理而奋斗的精神，才能使学生心悦诚服地接受教师所讲授的理论，才能真正把思想政治教育工作做到学生心坎上，才能使学生"诚学之，笃信之，躬行之"。

### （二）创设教学情境，实施情境教学

人的情绪和情感总是在一定情境中产生的，课堂教学是教师、学生、教学情境三者之间相互作用的活动过程。实施情境教学，是指在思想政治理论课教学过程中，教师依据教学目标、教学内容的需要，创设富有情感因素的教学情境，从而达到"知情并进"的效果。建构主义学习理论指出，学习者的知识是在一定的情境中、在与他人和事物相互作用的过程中获取的。创设良好的教学情境，一是需要教师科学合理地使用各种现代化教学手段，通过直观生动的视听呈现把学生带进特定的教学情境中，在情境的相互交融中引起学生一定的态度体验，激发学生参与教学的主体积极性。二是需要教师根据实际需要选择适宜的情境体验方法，如模拟场景、心理换位体验、联想体验等方法，使学生的心灵在体验中受到触动，思想道德境界在体验活动中得到升华。另外，思想政治理论课教学中蕴含着非常丰富的显性和隐性情感因素，教师要充分挖掘并加以渲染，使学生的心灵产生情感的激荡。例如，讲解抽象的理论知识时，教师可以将与此相关的一些感人典故引入教学，通过情感性处理既可以加深学生对原理的理解，又可以增强课堂教学的陶冶功能。

### （三）加强教学的情感设计，突出教学的情感目标

当今教育学把生命作为基础性、核心性概念，选择了从生命的视角观察、理解和阐发教育活动。情感、态度、价值观作为人的生命的重要组成部分，是人的更本质的东西，理应作为教学的重要目标来追求，而不仅仅是作为实现认知目的的手段。教师要用情感的目的性价值统领工具性价值，将情感作为整个教育过程的基础。

教学中情感目标的缺失与教学设计中忽略情感目标的设计直接相关。这是因为，在以往的教育教学过程中，由于情感教育居于为理智教育服务的次要地

位，教师在书写教案时通常仅有围绕着认知目标进行的内容设计，缺乏明确的情感目标及与情感目标相关的教学设计，情感目标自然也就无处落实。因此，必须加强教学的情感目标设计。一是要重视课堂交往中的情感设计。在教案内容设计中增加情感因素，通过灵活运用班级、小组等多种教学组织来加强师生之间的沟通交流，使课堂交往能促进情感的交流和深化。二是要加强师生的情感交流。情感是师生和谐对话的纽带，情感融洽有助于促进师生之间和谐健康情绪的双向互动。在教学活动中，教师和学生都是作为有着丰富情感与思想的活生生的个体而存在的，师生之间在开展认知活动的同时也进行着特殊的人际交往活动。教师要通过亲切诚挚的话语、充满激情的讲授、满怀信任的鼓励等给予学生一种无形的力量，使师生在情感交流中走向心灵和谐的境界。

## 第四节　浙江金融职业学院思想政治理论课的探索与实践

2014 年 11 月，在首届全国高校马克思主义学院院长论坛上，教育部副部长李卫红指出："要站在战略和全局高度充分认识马克思主义学院作为加强意识形态工作主阵地的地位和作用，切实把思想和行动统一到中央的决策部署要求上来，从做好高校意识形态工作大局和落实立德树人根本任务出发，进一步增强危机感和忧患意识，以扎实有效的举措推动马克思主义学院建设，发挥意识形态工作生力军作用。"①2015 年 7 月，中宣部、教育部下发《普通高校思想政治理论课建设体系创新计划》，进一步强调办好高校思想政治理论课的重要性，提出重点建设一批马克思主义学院的计划。就浙江省而言，2015 年 4 月，浙江省委在杭州召开全省高校思想政治工作会议，省委书记夏宝龙对高校思想政治理论课主渠道功能的发挥作了特别的强调。2015 年 5 月，省委宣传部、省教育工委下发了《浙江省高校思想政治理论课改革实施方案》，强调各高校要深化思想政治理论课教学改革，计划在全省范围内遴选 10 所院校建设一批示范马克思主义学院。高职院校作为高校的重要组成部分，理应在高校的各项战略行动中有所作为。为此，浙江金融职业学院抓住贯彻中央《普通高校思想政治理论课建设体系创新计划》和浙江省建设示范马克思主义学院的时机，积极作为，率先成立了全国高职院校首家马克思主义学院，在推进高职院校马克思主义学院建设和思想

① 宗河.首届全国高校马克思主义学院院长论坛在京召开[J].思想理论教育导刊，2014(12)：1.

政治理论课改革创新方面进行了理论思考和实践探索。

## 一、建立专门指导委员会，充分发挥教学和研究机构的功能

党的十八大以来，以习近平同志为核心的党中央高度重视思政课建设，作出一系列重大决策部署。浙江金融职业学院高度重视思想政治理论教学，深刻把握办好思想政治理论课的重要意义，深入实施思想政治理论课"一把手工程"，学校党委书记主管、主抓马克思主义理论研究和思想政治理论课教学工作。学校成立"思想政治理论课教学指导委员会"，邀请教育部思想政治理论课教学指导委员会主任、"马工程"课题组首席专家、北京大学陈占安教授等实地指导思想政治理论课教学，充分发挥思想政治理论课教学指导委员会的功能作用。马克思主义学院是学校独立设置的二级机构，依托下设的七个教研室、两个基地和一个中心开展马克思主义理论学科建设尝试，加强思想政治理论课教师队伍建设和思想政治理论课课程建设，在教学、科研、人才培养、社会服务等方面提升马克思主义学院内涵，提高马克思主义学院在全省乃至全国的影响力。

## 二、紧扣重点环节，切实增强学生思想政治理论课获得感

一是深化专题教学。打破"一门课程，一本教材，一个教师，一讲到底"的传统教学模式，注重教学内容创新，把教学内容与社会实际、生活实际和学生实际结合起来，关注重大现实问题以及热点和焦点问题，关注、解决学生关注的问题和思想困惑，有力地促进教学实效的提高。二是完善集体备课制度。学校思想政治理论课集体备课制度已经连续坚持了十年，效果显著。今后将继续坚持下去，并在制度上完善集体备课的讨论、修改课件教案、个性化授课等环节。三是小班教学，务求实效。为保证教学效果，学校实施思想政治理论课"小班化工程"，80%左右的班级为自然班(50 人以内)，剩下 20%左右的班级课堂规模都控制在 100 人左右。四是改革教学方法。继续开展"道德范畴解读""新闻速递与时事点评"等创新化教学活动，不断提升思想政治理论课的吸引力。五是强化实践教学。把课堂搬到教室外和校外，真正实现理论与实践相结合，让学生在社会这个大课堂中体验改革开放的巨大变化，感悟中国特色社会主义理论的最新成果，切实增强学生思想政治理论课的获得感。从"概论"课中拿出 1 学分(18 课时)专门用于实践教学，充分利用"一县两乡两镇"(德清县、瑶山乡、龙溪乡、盐官镇、九堡镇)思想政治理论课实践教学基地，组织学生前往南京大屠杀纪念馆、井冈山、嘉兴南湖、西柏坡、延安、福建古田等地进行实践教学，进一步做实做精实

践教学,提高学生实践能力。构建“课程主导,合作育人”实践教学机制,带领学生赴南湖“一大”会址、井冈山、南京大屠杀纪念馆等红色教育基地参观和调研,重视中国特色社会主义理论体系研读会等学生社团建设,推进学生自主学习和实践锻炼。六是过程考核,整体测评。构建“一次课前演讲、一份课堂活动总结、一篇读书心得、一次知识竞赛、一次社会实践”的“五个一”课程形成性考核模式,注重学生课程学习的形成性考核,在课程教学的全过程中测评学生的学习情况。七是搭建平台载体,办好明理学院。搭建与思政课融合的桥梁,通过完善明理课程体系,创新学生课外活动载体,促进第一、第二、第三课堂有效融通,加强“明法理、明德理、明事理、明学理、明情理”教育,培养具有法治思维、人文精神、创新精神和实践能力的金院学子。八是办好以“订单班”为主体的银领学院,以职业文化、职业素质培养为主线,把思想教育、道德教育与工匠精神培养有机融合,培养既有良好思想道德素质又有公民素养的应用型人才。

## 三、加强思想政治理论课师资队伍建设

思想政治理论课教师要有较高的理论素养,深刻认识人类社会的发展规律,明确中国选择社会主义道路的必然性,从而坚定自身的共产主义信念和走中国特色社会主义道路的信心。马克思主义学院通过集中学习、专题讲座、读书活动、鼓励进修学习等各种形式对思想政治理论课教师开展相关的教育培训。组织专职教师积极参加中宣部、教育部、省教育厅组织的培训、骨干研修或访学。同时,要求专职教师积极参加学术交流和实践研修活动,组织思想政治理论课教师与省内外知名高校进行校际交流考察,利用假期组织思想政治理论课教师开展社会考察活动。依托浙江省高职院校党建研究会、浙江省中国特色社会主义理论体系研究中心研究基地和浙江省马克思主义学会高职分会课程研究中心等机构,积极承办或参加相关的研讨会议,鼓励思想政治理论课教师承接省委的相关工作任务,积极推荐思想政治理论课优秀教师参加省级或全国性的比赛、人才工程或荣誉评选,扩大马克思主义学院和思想政治理论课教师的影响力,学校邹宏秋教授入选“2016 年度全国高校思想政治理论课教师影响力标兵人物”。

## 四、推进“思政课程”与“课程思政”有机统一

习近平总书记在全国高校思想政治工作会议上指出,“要用好课堂教学这个主渠道,思想政治理论课要坚持在改进中加强”,“其他各门课都要守好一段渠、

种好责任田，使各类课程与思想政治理论课同向同行，形成协同效应”。[①] 一方面，从学科之间的相互联系来看，思想政治理论课不仅需要所依托的马克思主义理论与思想政治教育这个一级学科的指导，还需要其他人文社会科学所涉及的多个学科为其提供重要的思想源泉。另一方面，我们应以马克思主义为引领，整合哲学社会科学各领域学术资源，及时总结中国发展经验，并将之上升为中国理论话语，以高度的理论自信来讲述中国故事，传递中国声音，构建彰显中国特色、中国风格、中国气派的哲学社会科学学科体系，在多元化社会思潮中坚持马克思主义的一元价值主导。2017 年 3 月，学校出台了《中共浙江金融职业学院委员会关于深化“千日成长”工程，推进全课程育人的若干意见》，把思想政治教育、价值引领全面融入课程教学大纲，融入各门课程教学之中，使各门课与思想政治理论课同向同行，形成协同效应，全面推动“思政课程”与“课程思政”有机结合，以课程为主要抓手，全面加强学校思想政治工作。“思政课程”与“课程思政”相结合，是对知识传授与价值引领的有机整合，突破了教书与育人的相互分离和非此即彼的思维框架。“课程思政”立足学科特点挖掘德育元素，以推进思政课教学改革统领其他课程的课程建设和资源开发，形成以全课程育人为内核、以全员育人为主体、以全程育人为基础、以全方位育人为方略的人才培养机制，从而实现教书与育人、知识与品格、启智与明德相结合。

① 习近平在全国高校思想政治工作会议上强调：把思想政治工作贯穿教育教学全过程，开创我国高等教育事业发展新局面[N]. 人民日报，2016-12-09.

# 第五章

## 加强学生党建,引领学生成长成才

学生党建工作是高校思想政治教育工作的重要内容，如何以创新精神进一步加强高校学生党建工作，是新时代高校思想政治教育工作应重视的课题。

## 第一节　大学生党建工作概述

大学生党建工作是高校开展思想政治教育的主要抓手之一，也是加强思想政治工作的有效途径。新时代，深入探析高校学生党建工作的内涵和内容，明确新时期加强学生党建工作的重大意义，有利于推动高校学生党建工作迈入新的发展轨道，使其充分发挥应有的功能与作用。

### 一、大学生党建工作内涵

高等学校的主要任务是坚持立德树人，培养社会主义事业的建设者和接班人。在高等学校开展学生党建工作，对加强学生思想政治教育、助推基层党建发展具有重大现实意义。关于大学生党建工作的内涵，马宁在《新时期高校学生党建工作研究》中认为："高校学生党建工作是高校党组织及党务工作者根据中国共产党组织的要求和青年学生的身心发展特点与规律，在高校学生中有目的、有计划、有组织地对入党积极分子和学生党员进行培养、教育、发展和管理的实践活动，以及对大学生党组织进行思想、组织、作风和制度等建设的总称。"①基于该定义，本书认为，新时期讨论大学生党建工作的内涵，应该从大学生的政治素养和思想政治教育水平提升着手，讲清楚"是什么""为什么""怎么做"三个问题。首先，新时期大学生党建工作是指高校学生党务工作者在推动高校内涵发展的前提下，针对学生党员和入党积极分子有组织、有目的、有计划地开展思想建设、制度建设、组织建设和作风建设，为党组织培养优秀先进分子、为社会主义事业培育高素质人才的工作。其次，大学生党建工作是高校党建工作的核心。加强党对高校的领导，是办好中国特色社会主义大学的根本保证。新时期，大学生党建工作要以立德树人为重要导向，逐步提高大学生的理论建设、作风建设、制度建设，这对于提升大学生的思想道德素养、巩固校园意识形态主阵地、培养高素质人才都具有十分重要的意义。最后，大学生党建工作是培养高素质人才的重要抓手。新形势下加强大学生党建工作，要发挥高校自身优势，将大学生党建工

① 马宁.新时期高校学生党建工作研究[M].桂林：漓江出版社，2014：25.

作与人才培养相统一，以立德树人为根本，用习近平新时代中国特色社会主义思想武装大学生的头脑，对大学生党员和入党积极分子进行经常性的思想政治教育，从而对青年学生进行思想上和政治上的启发教育，培养具有坚定理想信念、优良道德品质、优秀专业技能的高素质人才。

## 二、大学生党建工作内容

### (一)党的思想理论建设

大学生是高校党建工作的主体，在新的历史时期，必须加强党的思想理论教育，提升大学生的思想政治水平。一是用马克思主义中国化的最新理论成果武装大学生头脑。在高校，对大学生党员和入党积极分子开展思想政治工作，最根本的就是要用马克思主义理论、用习近平新时代中国特色社会主义思想武装大学生头脑。具体而言，就是要坚持以理想信念教育为核心，以立德树人为根本，不断培育和践行社会主义核心价值观，把中国特色社会主义理论体系作为大学生党建工作的指导思想。二是坚持马克思主义在高校意识形态中的指导地位。要加强党对高校意识形态的领导，确保意识形态在高校的主导权、话语权，这是在思想观念多元化的时代背景下坚定大学生理想信念的重中之重。三是坚决与不良思潮作斗争。与各种不良思潮作斗争是高校党建和思想理论建设的重要内容，高校要重点预防各种消极落后的、腐朽的思想对大学生的影响，努力提高大学生的思想鉴别能力。

### (二)党的基层组织建设

一是要建设一支战斗力强的学生党员干部队伍。要把那些政治素养好、工作能力强、学生认可度高的优秀学生选拔到党员干部队伍中来，通过一系列专业培训，不断提高他们的工作能力和水平，在学生中树立典型。二是合理控制大学生党支部规模。随着高等教育的大众化发展，大学生数量逐年递增，学生党员队伍也日益壮大。客观来说，因学生党员数量大，支部对学生党员的教育和管理难度也在加大，支部活动成效不是很明显。因此，为了做好大学生党员发展工作，促进党支部良性发展，需要合理控制大学生党支部规模。最理想的方案就是按班级、年级或专业，相对均匀地分配学生党员的数量，把学生的日常工作与学习以及党支部建设结合起来。此举既可以提高工作效率，又能提高学生党员的工作积极性，不断增强党支部的凝聚力。

### (三)党的作风建设

党的十八大以来，以习近平同志为核心的党中央密切关注党的作风建设，先后出台并修订了多项关于党的作风建设的规章制度，约束党员的行为，重塑党员的形象，净化组织风气。对大学生党员来说，加强党的作风建设，一是要加强马克思主义理论的学习，夯实思想基础。当代大学生党员及入党积极分子要认真学习马克思主义理论知识，学懂、弄通马克思主义哲学，并科学运用于实践。二是要密切师生联系，增强团结意识，营造和谐氛围。大学生党员要加强与他人的沟通、交流，对其他同学要在生活上多关心、学习上多帮助，呈现共产党员的精神风貌，促进优良作风的形成。三是要培养健康向上的生活习惯，切实提升道德修养。大学生党员与入党积极分子要不断提升思想道德水平，坚决抵制腐朽落后思想的侵蚀；养成勤俭节约的习惯，发扬艰苦奋斗的精神；保持高尚的精神追求，开展自我教育，提高辨别是非、善恶、美丑的能力；时刻保持乐观的人生态度。

### (四)党的制度建设

一是要遵循合法原则，依法办事。党的制度不能凌驾于法律之上，高校党组织必须在法律规定范围内制定大学生党建的规章制度。二是加强和完善学校的规章制度。在制定校纪校规等规章制度时，坚持与时俱进的原则，充分考虑大学生党建工作实际，突出重点，抓主要矛盾。三是不断提升监督力度，确保精准发力。大学生党建工作，不仅需要自律，同时还需要他律。大学生党务工作者要严格执行各项规章制度，强化对制度执行情况的督查，严肃查处学生党员违纪违规现象，切实维护制度的严肃性。

## 三、新时期加强大学生党建工作的意义

### (一)加强大学生党建工作是提升大学生思想政治素质的主要渠道

大学生党建工作是巩固马克思主义在高校的指导地位，提高大学生思想政治教育的主要渠道。习近平总书记指出："高校肩负着学习研究宣传马克思主义、培养中国特色社会主义事业建设者和接班人的重大任务。"①思想政治工作是培养社会主义合格建设者和可靠接班人最有效的途径。在当前复杂的形势

---

① 习近平：坚持立德树人思想引领 加强改进高校党建工作[EB/OL].(2014-12-30)[2019-05-19]. http://politics.people.com.cn/n/2014/1230/c70731-26299855.html.

下,各种意识形态影响着新一代大学生,大学生只有坚定共产主义信念,坚持马克思主义的指导地位,才能成长为马克思主义的信仰者、传播者和实践者。加强对学生党员的马克思主义理论教育,能显著增强学生党员的道路自信、理论自信和制度自信。

### (二)加强大学生党建工作是培养社会主义事业建设者和接班人的重要保证

加强大学生党建工作,是坚持党的领导,培养社会主义事业合格建设者和可靠接班人的重要保证。依据《中华人民共和国教育法》,教育必须贯彻国家方针,必须与生产劳动和社会实践相结合,不断培养德智体美劳全面发展的社会主义事业的建设者和接班人。高校肩负着培养社会主义事业建设者和接班人的重要使命,大学生拥有较高的政治素养和文化素养,是建设中国特色社会主义伟大事业的主要力量。高校应通过加强大学生党建工作,旗帜鲜明地引领大学生党员走中国特色社会主义道路,不断创新大学生党建工作体制机制,开创一套真正适合学生党员发展的创新载体,从而在党的建设事业中凝聚一批优秀青年大学生,不断提升大学生的马克思主义理论素养和水平。

### (三)加强大学生党建工作是促进大学生成长成才的重要手段

习近平总书记在十九大报告中指出:“青年一代有理想、有本领、有担当,国家就有前途,民族就有希望。”①青年学生作为我们民族的希望,是实现国家富强、民族复兴的强大推动者。新时期加强大学生党建工作,有利于提高大学生综合素质,促进大学生成长成才。首先,加强大学生党建工作,能够提高大学生的政治理论素养。高校通过对学生进行系统的马克思主义理论教育,能增强大学生为共产主义事业奋斗终身的信心,可以使大学生树立正确的世界观、人生观、价值观。其次,加强大学生党建工作,能够提高大学生党员的科学文化素质。高校党组织通过鼓励大学生积极参加社会实践,培养大学生党员和入党积极分子的创新精神,既能够增强大学生党员学习科学文化知识的主动性,又能为大学生更好地服务社会打下坚实的基础。

---

① 《党的十九大报告辅导读本》编写组.党的十九大报告辅导读本[M].北京:人民出版社,2017:45.

# 第二节　高校学生党建工作面临的挑战

近年来，尤其是党的十八大以来，我国高校学生党建工作不断加强，学生党员质量不断提高，党性修养不断提升，大学生党建工作取得了较突出的成绩。但从高校层面来看，不同地区、不同类型的高校之间，在学生党建工作方面还存在不平衡的现象。从学生个体方面来看，因受到多元文化的冲击，大学生的思维方式、行为习惯、价值取向等发生变化，给高校学生党建工作带来一定的挑战。

## 一、少部分党员政治信仰模糊

当前，我国正处于社会发展转型和全面深化改革的关键时期，多元价值观和社会思潮相互交融、相互冲突，在一定程度上冲击着主流意识形态。与此同时，西方一些国家借助有关手段，持续对我国社会的主流意识形态进行攻击，使得国与国之间的竞争由对经济发展的一元关注转向了国家文化力量的抗衡，文化软实力中凸显的意识形态成为竞争的新焦点。这对我国当代大学生的思想价值观念和政治信仰产生了极大的影响。① 少部分学生党员的政治信仰有动摇倾向，理论水平低，对中国特色社会主义事业的发展缺乏信心。例如，一些学生党员过于追求精神享乐，精神空虚，容易迷失前进的方向；一些学生党员入党前积极进取，表现优秀，主动向党组织靠拢，入党后却开始变得懒散，不主动参与党组织的活动，党员先进性荡然无存。

## 二、党员入党动机多元化

“入党动机是一个人要求入党的内在原因和真实目的，是推动人们争取入党的精神力量。对一个申请或即将加入中国共产党的入党积极分子来说，这是一个非常重大和严肃的政治问题。”②党的十八大报告明确指出：“对马克思主义的信仰，对社会主义和共产主义的信念，是共产党人的政治灵魂。”然而在当前，时代的变革、网络的普及使大学生的价值取向呈现多元化发展趋势，对入党的认识也大不相同。有些学生希望全心全意为人民服务，坚持要求入党；有些学生把入

---

① 李倩.基于思想政治教育视域的大学生政治信仰培养[J].太原城市职业技术学院学报，2016(7)：68-70.

② 许国彬，高云坚.高校学生党建工作实务[M].北京：人民出版社，2015：320，429.

党看作一种荣誉，认为党员可以在群众中树立威信；一些父母均为党员的学生，会迫于家庭的压力而入党，以满足家人的心愿；一些同学把入党当作实现自身利益的手段，认为入党可以获得荣誉，提高自身的竞争力，在毕业时可以找到一份不错的工作；等等。

### 三、党团活动重形式轻内容

党团活动是高校学生党建工作的一种重要形式。党团活动组织得好，该党支部的凝聚力就强，党员素质也会提高。现实中，一些党支部的党团活动无法保质保量开展，往往只是召开支部例行会议。究其原因，一方面，这些党支部缺乏对党团活动组织形式的研究，在开展组织活动之时，常局限于学习理论和党的有关方针政策以及学校党委下发的各项决议精神等。另一方面，部分高校党员理论学习内容缺乏新意，党建方式过于陈旧单一，会议大多采取念文件、读文章、听报告或讲座的形式，很少会根据大学生的思想实际和年龄特点进行针对性教育。久而久之，党员容易失去对理论的学习兴趣。还有一些党支部，党建工作缺乏整体规划与详细计划，组织生活不健全，组织活动脱离实际，也就达不到对学生党员进行教育的目的。

### 四、党员教育重理论轻实践

党员作用发挥如何直接影响到党的形象。长期以来，一些高校党组织对学生党员的教育方式大多沿袭传统模式，机械而呆板。在学生党员和入党积极分子的日常事务管理中，过于看重学习成绩，许多高校的党组织都规定学习成绩优秀才有资格发展成为党员。在这一导向下，高校党组织往往忽视对学生的社会实践能力的培养，导致部分学生党员与社会实践脱节。高校党组织应当把党员的基本标准与具体标准结合起来，做到原则坚定性和政策灵活性的有机统一。

## 第三节　新时代大学生党建工作的路径创新

党的十八大以来，习近平同志高度重视党的建设工作，深刻阐述了党的建设的重要理论。新时期和新形势下，面对新涌现的问题，必须坚持党的领导，遵循高校思想政治工作规律和大学生成长成才规律，坚持立德树人，改进旧方法，探索新思路，不断开创高校学生党建工作新局面。

## 一、坚持立德树人理念，提高学生思想政治素养

坚持立德树人，是高校学生党建工作的重点，也是人才培养的出发点和归宿。在全国高校思想政治工作会议上，习近平总书记强调："要坚持把立德树人作为中心环节，把思想政治工作贯穿教育教学全过程，实现全程育人、全方位育人，努力开创我国高等教育事业发展新局面。"①把立德树人作为基本任务，不仅确立了教育的根本任务，同时也要求高校从育人角度来解读党建工作。

### （一）大学生党建工作要坚持马克思主义的指导

党的十八大报告指出，马克思主义信仰、社会主义和共产主义信仰是共产党人的政治灵魂，是共产党人能够经受任何考验的精神支柱。大学生理想信念教育必须端正马克思主义的态度，不歪曲对马克思主义的理解，用马克思主义指导大学生理想信念教育，指导大学生树立正确的世界观、价值观、人生观。马克思主义是科学理论，只有与实践联系，才能真正掌握。大学生的实践活动丰富多彩，只有组织学生参加社会实践，才能增强教育的实效性，才能提高学生分析问题和解决问题的能力，才能时刻让象牙塔里的大学生保持与现实的联系，从而更加明确党的路线、方针、政策，更加明确自己肩负的使命，增强为人民服务的意识。

### （二）大学生党建工作要坚持"三全育人"理念

"三全育人"指的是全员育人、全过程育人、全方位育人。对于高校的学生党建工作来说，坚持全员育人，就是要克服仅由学生工作者管理学生的局面，调动全体员工参与教育工作的积极性，既要注重校内师资队伍建设和管理队伍建设，还要注重校外兼职教师队伍建设；坚持全过程育人，就是要以学生思想政治教育为主线，将之贯穿于学生入学至毕业的全过程；坚持全方位育人，就是指有机协调第一、第二、第三课堂，有效统筹好校内外资源，形成多维度、立体式的思想政治教育体系。通俗来说，就是要以提高人才培养质量为目的，以全方位的育人模式改革为统领，统筹规划学生成长成才途径，切实加强学生的文化知识学习和思想品德修养，不断提高学生的创新思维能力和社会实践能力，注重学生的全面发展和个性发展，通过创新育人机制和创新育人载体，将学生培养成为可持续发展的高素质人才。

---

①　习近平在全国高校思想政治工作会议上强调：把思想政治工作贯穿教育教学全过程，开创我国高等教育事业发展新局面[N].人民日报，2016-12-09.

## 二、明确责任，科学建设学生党建工作队伍

加强高校学生党建工作，必须科学建设一支权责分明、富有战斗力的工作队伍。党建工作队伍组成是否科学合理，直接影响到党务工作能否正常开展。因此，高校在加强学生党建工作队伍建设时，一定要合理规划工作队伍，明确责任，做到专兼结合，性别、年龄比例协调。

### （一）合理调整学生党建工作队伍比例

一是要配足配齐学生党建工作专职人员数量。目前，有不少高校未配备学生党建专职人员，导致学生党建工作责任不明确、工作不细致。在新的形势下，高校要高质量开展学生党建工作，必须配足配齐学生党建工作专职人员，合理调整学生党建工作者在高校党建工作队伍中的比例。二是要发挥兼职人员的独特优势，突出兼职人员在学生党建工作中的辅助作用，促进学生党建工作高质量发展。

### （二）性别、年龄比例合理，实现协同发展

一般来说，高校学生党建工作者中女性居多，一是因为高校女教师的比例普遍偏高，加之女性心思细腻、工作有耐心，比较适合开展思想政治教育工作。二是因为高校学生党建工作环境相对简单稳定，事务性工作较多，待遇有限，较难吸引男性从事该类工作。因此，新时期高校学生党建工作必须解决这一现实问题，消除性别差异，实现党建工作者男女比例平衡。在招聘人员上，合理控制女性人员数量，相对提高岗位工资待遇，对表现突出、认真负责的工作人员进行表彰奖励，从而吸引更多男性投入这项工作中来。此外，高校学生党建工作还应综合考虑工作人员的年龄结构，做到老少协同发展。保留或配备从事学生党建工作的老同志，发挥其丰富的工作经验优势，从而起到决策指引和风向标的作用。同时还要配备一定数量的青年学生党建工作者，因为他们拥有极大的工作热情，执行力强、干劲大，能够与大学生进行良好的沟通。在年龄比例上，应呈现中青年工作者多于老年工作者并以青年工作者为主的局面，更好地发挥老、中、青协同育人的作用。

### （三）优化党建工作队伍考核机制

优化党建工作队伍考核机制，对新时期高校学生党建工作有着十分重要的指导意义。一是要充分发挥新媒体的作用，严格选择标准、创新评价方式，创建

具有较强战斗力的师资队伍。在党建工作者的评选中，将新媒体技术与评估工作结合起来，建立全方位的教育教学监控系统，把握好高校党组织的教育和管理力度，建设一支综合素质优良的师资队伍。二是要对学生党建工作的效果进行测试与评价。可借助新媒体的巨大优势，量化学生党员的综合表现，分析学生党员工作的成效，并要求其利用互联网平台，定期对高校党务工作者进行测评，以此不断提升高校学生党建工作质量。

## 三、多措并举，创新学生党建工作模式

### （一）以学生公寓为载体，拓展党建工作阵地

学生公寓是学生的第一社会、第二家庭、第三课堂，是对学生进行思想政治教育的重要阵地。随着高校后勤社会化改革的不断深入，学生入住社区，除了上课以外，公寓成为其学习和生活的“主战场”。学生之间的相互联系、相互影响、相互教育也主要发生在公寓。公寓成了最能表现学生真实自我、展示学生个性、体现个人素质和能力的场合，也是大学生群体和个人传播信息的重要源头。新时期，加强高校学生党建工作，完善大学生的思想政治教育体系，需要重视学生公寓的作用，认真做好学生党建进公寓工作。将学生公寓变成大学生思想政治教育和党的建设的前沿阵地，对于发挥学生党员的凝聚力和创造力，构建和谐校园具有深远的意义。

第一，创建高校学生公寓党支部。高校应打破以班级、年级或院系为单位成立学生党支部的做法，深入学生公寓，在学生公寓里建立学生党支部，这样可以使整幢楼的学生党员都参与到党支部的管理中来，既能充分发挥学生党员的模范带头作用，又培养了学生党员自我管理、自我服务的能力，在应对校园危机事件或学生党员考核评估的工作中，能发挥重要作用。

第二，丰富学生公寓文化生活。首先，公寓党支部可以开展各类知识竞赛、演讲比赛、趣味运动会或是公寓文化展、读书会、艺术节等各式各样的文化娱乐活动，不断丰富学生公寓生活，提高学生的文化素养，拉近不同楼层、不同宿舍成员之间的距离。其次，可以通过成立学习小组，吸引一些政治立场坚定并要求上进的同学参加，在优秀学生党员和入党积极分子的带领下，结合时事政治和校园热点问题进行讨论，充分发挥学生党员的示范引领作用。再次，可以开展公寓党支部的民主生活会，对学生党员进行批评和自我批评，鼓励学生党员认识自己、了解自己、发展自己，在思想上、行动中解决每位党员的实际问题。最后，在定期开展公寓活动的同时，党组织还要关爱每一位学生，使他们在活动中感受到公寓

带来的温暖。只有这样，才能调动起每位学生参与公寓活动的积极性，从而更加配合公寓的管理工作。

第三，发挥政治辅导员的作用。辅导员是大学生日常思想政治教育和管理的组织者、执行者和指导者。因此，要密切辅导员与学生公寓的联系，加强辅导员对学生公寓工作的管理。首先，高校党组织要在统一领导下不断探索建立宿管员与辅导员合作机制，加强宿管员与辅导员的联系，促使宿管员配合辅导员开展学生的日常管理和服务工作。其次，辅导员通过走进学生公寓，深入学生的生活中，全面了解学生的生活情况、思想动态和行为习惯，并通过与公寓党支部定期共同开展工作，培养学生党员和入党积极分子分析和解决问题的能力。最后，高校党组织可以以辅导员为核心在学生公寓中创建基层学生党建园区，通过辅导员深入学生公寓不断加强对学生党员和入党积极分子的考察、评价、发展和管理工作，进一步提升学生党建工作质量。

### (二)以“互联网＋”为平台，创建网上党建工作新模式

习近平总书记在十九大报告中指出，要“增强改革创新本领，保持锐意进取的精神风貌，善于结合实际创造性推动工作，善于运用互联网技术和信息化手段开展工作”①。在融媒体时代，高校应依托“互联网＋”，创建学生党建工作新模式。

第一，建立学生党建网站或手机 App，利用互联网手段拓展学生党建载体，大力宣传马克思主义思想，不断加强学生党员理想信念教育。可以开辟校内外新闻栏目，使广大学生党员在关注国内外重大时事的同时了解校内重要新闻；建立加油站栏目，用于收集马克思主义经典著作、党的基本理论知识、国家政策方针以及我国主要领导人讲话等文献资料；建立主流文化栏目，通过传播革命影视作品、音像资料等优秀的文化作品，不断提高学生党员的马克思主义理论素养和科学文化素养；建立党建论坛，引导学生党员各抒己见，在网络平台上发表自己的意见和观点。

第二，加强日常监管，建立“互联网＋管理”新模式。首先，发现问题能够及时上报。及时搜集学生党员关注度高或反映强烈的问题，上报给上级党组织。其次，能够及时解决问题。面对学生关注的热点问题，高校党务工作者可以通过互联网平台进行调研，有针对性地解决。

第三，坚持以生为本，创新“互联网＋服务”新理念。首先，服务于课堂。思

① 《党的十九大报告辅导读本》编写组.党的十九大报告辅导读本[M].北京：人民出版社，2017：45.

政课教师和党务工作者可借助互联网，搜集丰富的教学内容以及学生关注的热点内容，通过课堂教学、课下传播等手段，引导学生学习党的理论知识。其次，服务于学生实践。高校的党务工作者要利用互联网平台，以学习党的理论知识为重点，为学生提供有利于自身发展的社会实践活动。最后，服务于学生的生活。如今，"互联网＋"不断推动科技进步，创新驱动发展已进入新常态，高校也应与时俱进，不断改善校园基础设施，形成校园网络全覆盖，完善学生宿舍配套设施，在学生宿舍安装智能报警系统，以应对危机事件的发生，在公共场所，如图书馆、学生食堂，安装智能化设施，为学生学习、就餐提供更多便利。

## 四、立足长远，健全并不断完善学生党建工作机制

### （一）健全学生党员发展机制，提高学生党员质量

第一，严把入口门槛，确保学生党员发展对象的质量。首先，严格规范学生入党积极分子的入党程序。要按照《普通高等学校学生党建工作标准》，坚持"成熟一个，发展一个"的原则，一方面，党组织收到入党申请书后，应当在一个月内与入党申请人谈话，指派培养联系人了解入党积极分子思想状况。另一方面，要严格落实入党积极分子一年以上培养教育和考察的要求，党支部书记、培养联系人、入党介绍人和组织员都要承担起培养教育的责任。院（系）党组织要及时将学校党委批准的预备党员编入党支部和党小组，并认真做好预备期的培养考察记录。其次，严格对学生入党积极分子的政治审查。要深入考察发展对象的入党动机是否端正，对党的认识是否深刻，是否懂得党员义务和权利，是否遵守党章党规党纪，是否坚定不移听党话、跟党走，确保政治合格。把综合素质作为发展学生党员的重要考察内容，全面考察思想政治、能力素质、道德品行、现实表现等方面的具体标准，注重学生的一贯表现和关键时刻表现、自我评价和群众评议、学习情况和社会实践情况，防止把学习成绩作为党员发展的唯一条件。最后，严格预备党员的票决与公示。高校学生党务工作者应认真学习学生党员发展"三投票三公示一答辩"制度，发展党员要做到推优投票、发展预备党员投票、预备党员转正投票，推优公示、发展公示、转正公示，在接受预备党员或预备党员转正时召开答辩会，根据情况随机确定部分发展对象或预备期满的党员参加答辩，未参加答辩的应列席旁听。

第二，加强教育培养，提高学生党员整体素质。首先，从入党积极分子的培养教育入手，坚持早教育、早发现、早培养。在新入学的学生始业教育中就要开展党的基本知识教育，提高学生对党的认识。高校要把对入党积极分子的培养

教育作为学生党员发展培训工作的着力点，既要在课堂中加强对学生入党积极分子理论知识的灌输，还要在社会实践、志愿服务以及谈心谈话等活动中不断探索针对学生入党积极分子的培养方式，帮助入党积极分子端正入党动机、提高党性修养。其次，强化学生党员的教育培训。高校要以提高学生对党的认识，提升道德品质为目标，针对不同年级、不同专业的学生党员特点，建立多层次、多渠道的经常性教育机制。倡导学生党员以集中学习与经常性学习相结合的方式，联系实际开展形式多样的党建主题教育活动，树立优秀模范党员，不断激发学生党员学习的积极性、主动性、创造性。

第三，完善责任制度，严肃学生党员发展纪律。首先，建立落实发展学生党员工作责任制和责任追究制，明确学生处党支部书记是第一责任人，组织委员为直接责任人，支部书记和培养联系人、入党介绍人、发展党员考察人员是具体责任人。按照“谁介绍谁负责，谁考察谁负责，谁审批谁负责”的原则，细化问责办法。对不坚持原则标准、不履行正规程序和考核失职、审查不严的党组织及其负责人进行批评教育，情节严重的应给予一定的纪律处分。其次，对入党介绍人没有如实向党组织汇报发展对象真实情况，致使发展党员工作出现错误的，追究其责任，确保把思想、作风、业务等过硬且对党忠诚的人吸收到党内；对确定的学生入党积极分子、发展对象、预备党员以及预备党员转正等不按程序办事的，追究党支部书记的渎职责任，坚决抵制党员发展工作中存在的不正之风和“近亲繁殖”现象；发展党员手续不全、政审不严、违反规定和党组织未按时召开大会进行研究的，应追究分管书记和组织委员的责任。对违反规定吸收入党的，上级党组织要予以纠正，一律不予承认，切实维护发展学生党员工作的严肃性。

### （二）完善考核评估体系，加强日常监督管理

第一，完善入党积极分子考核制度。首先，考核评判入党动机。入党动机端正是学生积极分子入党的前提条件，也是最主要的考核标准。入党动机不明确，入党积极分子将会失去前进的方向，很难成为一名合格的共产党员。高校学生党组织应加强对入党积极分子的日常教育与培训，组织入党积极分子按时上党课，积极参加党组织活动，并完成党组织布置的任务，不断坚定共产主义信仰。其次，考核马克思主义理论学习情况。马克思主义理论作为共产党人强大的思想武器，至今仍具有强大的生命力。入党积极分子不但要掌握马克思主义的立场、观点和方法，还要具备辩证的思维，科学地看待一切事物。要不断加强研究习近平新时代中国特色社会主义思想，牢固树立“四种意识”，不断增强“四个自信”，坚决做到“两个维护”。最后，考核实践能力。在培养入党积极分子的过程

中，要专门增加实践环节的培养，安排入党积极分子参加社会服务活动、文化娱乐活动，在实践中培养入党积极分子的集体主义精神、奉献精神、责任意识，从而积极向党组织靠拢。

第二，严格预备党员转正机制。在日常的工作中，一些党支部在预备党员转正后便忽视了对其进行管理和教育，一些学生党员也因缺乏自觉性，成为正式党员后不能进行自我约束与自我管理。在转正中，支部往往抱着该生以往表现良好，一般都予以转正的心态，将一些条件不符的预备党员转正，最终导致一些学生党员成为正式党员后出现思想上松懈、行动上落后的现象。面对这些情况，高校应完善预备党员的转正机制，及时调整有关规章制度，定期对预备党员进行考察。在具体实施过程中，高校党务部门应秉承实事求是、宁缺毋滥的原则，定期对预备党员进行思想上、行动上和生活上的考察，对政治信仰不坚定、政治觉悟不高、不按时准备材料、不能定期参加民主生活会、生活习惯不好的预备党员，坚决延期发展、促其改正，情节严重者可取消预备资格。

第三，完善学生党员民主评议制度。党员民主评议制度是党的一项基本制度，高校落实学生党员的民主评议制度是十分必要的。从近年来各高校学生党员民主评议现状来看，形式化、官方化、表面化的现象依然存在。不少学生党支部在民主评议过程中还存在评议内容千篇一律、不抓主要矛盾的情况。所以，新时期高校党务部门应制定有效的民主评议制度，围绕全心全意为人民服务的宗旨，从学业成绩、做人品质、工作实效、思想道德素质等方面入手，以院（系）领导、党支部书记、班主任、辅导员、学生党员和班级其他成员组成评审团对学生党员定期进行考察和评定，实事求是地评价每一位学生党员的日常表现，对不合格的学生党员进行批评再教育，并依据考核内容进行整改。通过不断完善的民主评议制度，有效督促学生党员进行自我监督与管理，提升学生党员的党性修养和个人修养，同时进一步增强党组织的凝聚力和战斗力。

## 第四节　浙江金融职业学院学生党建工作探索与实践

浙江金融职业学院学生党建工作按照学校党委提出的“一个学生党员就是一个成长成才的榜样”的要求，从源头入手，严格程序、加强教育、注重管理，以学生党建引领学生成长成才。

## 一、明确目标，引导广大学生积极向党组织靠拢

一直以来，学校将学生党建工作作为重要工作在始业教育中进行部署，在新生始业教育中积极宣传党的基本知识。新生入学后，各二级学院负责学生工作的党总支书记（副书记）在全院新生大会上向新生介绍学校学生党建工作情况，各二级学院组织员走进每一个班级宣讲党的基本知识，介绍申请入党的必要程序及重要意义，让新生入校即接受党的教育，感受到党组织的关心和温暖。诸多普及教育产生了良好的效果，多数新生入学一个月内向党组织递交了入党申请书，学校大一年级学生平均递交入党申请书的比例在80%以上。

## 二、坚持“三早”，抓好入党积极分子培养教育

针对高职学生的特点，为进一步抓好入党积极分子的培养教育工作，学校坚持“早发现、早教育、早培养”：通过对新生档案的仔细查阅，掌握新生基本情况，注重对在中学期间已递交入党申请书、参加过党的基础知识培训、被列为入党积极分子的新生进行重点培养；通过建立进步学生的详细档案，分门别类，方便查阅，防止差错；通过学生喜闻乐见的形式，增进学生对党组织的了解，激发学生对党组织的向往，强化学生加入党组织的意识，为学校发展党员做好前期基础工作。此外，学校从2003年开始在各二级学院党总支配备专职组织员，并逐渐完善了组织员的工作制度、岗位职责和要求；多年来，学校坚持教师党员联系班级学生党建制度，充分发挥一线教师干部的作用；学校还有较为完善的团支部推优制度、党校培训制度、联系人培养制度、定期谈话制度等。这些都为学校进一步抓好入党积极分子的培养教育提供了有力的制度保障。

## 三、发挥学生党校育人作用，做好入党积极分子教育

自2001年升格以来，学校学生党校持续发挥教育引导广大青年学子追求进步的积极作用，每个学期至少办1期学习班，累计培训学员1万余名。学生党校任课教师由分管学生党建的校领导，党委组织部、党委宣传部、党委学工部、人文社科部以及各系党总支书记（副书记）组成。学生党校按照专业将学员划分为若干个班级，由负责学生党建的组织员任各班班长。为进一步增强教育的针对性，2009年，学生党校任课教师结合党的十七大及学院教育实际，编写了党校教材。此后分别结合党的十八大、十九大会议精神进行了修订。为做好教学工作，在每个学期初，学生党校教学团队均召开备课会，专题研讨党校教学问题。在学校的

高度重视下，在学生党校教学团队及全体学员的努力工作下，2011 年，学校党的基本理论与基础知识教学团队获得了校级优秀教学团队荣誉称号。通过党校的系统培训，在学生中普及了党的基本理论和基本知识，进一步坚定了学生的共产主义信仰，进一步加强了学生的理想信念教育，进一步扩充了学生党员发展的后备力量。

## 四、规范机制，确保学生党员发展质量

在学生党员发展中，学校始终坚持“成熟一个，发展一个”的原则，按照《中国共产党党章》要求，结合学校学生党建工作特点，制定了《学生党员发展工作指导意见》，科学设计了《学生党员发展流程图》，建立完善了张榜公示制度、列席讨论制度、民主评议制度等，规范学生党员发展机制。与此同时，为进一步强化学生党员发展工作，学校推行学生党员发展答辩制，即二级学院党总支在每次发展学生党员之前，开展重点发展对象答辩会；探索建立学生党员发展自荐通道，即凡认为自身符合党员重点发展对象条件且未被推荐的同学，可主动向二级学院党总支或学工部自荐，自荐后由各党总支组织党员进行考核。

## 五、创新载体，加强学生党员继续教育

在学生党员队伍的建设中，学校始终做到“发展一个，巩固一个”。为加强学生党员的继续教育，学校创新载体，推出了一系列得力举措。一是在全体学生党员中推行示范公开承诺制，并设立了“学生党员示范岗”。二是推行学生党员示范承诺述责制，即各党总支在每学期末召开学生党员示范承诺述责会，结合学生党员示范公开承诺计划落实情况以及示范岗实施情况进行综合考评。三是从 2010 年上半年开始，以培育学生党员典型、发挥典型示范作用为抓手，陆续推出了多期学生党员示范工程，开展了以学生党员引领广大同学共同进步为主旨的“唱、读、讲、传、比”红色经典系列活动（即唱红歌、读好书、讲事迹、传箴言、比奉献）等多项特色活动。四是开展主题教育活动。组织广大学生党员、入党积极分子定期开展“重温入党誓词，引领千日成长”活动；利用暑假，组织学院优秀学生党员赴延安、西柏坡、井冈山等革命圣地开展“走访革命圣地，探寻先烈足迹”红色之旅活动；在全体学生中开展“学党史、知党情、跟党走”主题教育以及学生党员闪光言行事迹评选、学生岗优秀党员评选等活动。诸多主题教育活动，坚持了思想育人，激发了广大同学努力学习的热情，坚定了广大同学对党的信念和对中国特色社会主义的信心，加强了社会主义核心价值体系教育。五是针对毕业生

党员的教育工作,学工部要求每一位学生党员在毕业实习期间,向所在的二级学院党总支或支部至少递交两份思想汇报,各党总支或支部在毕业生离校前至少组织召开两次学生党员的教育活动。学工部组织召开了毕业生党员毕业实习动员暨教育大会,进一步加强了毕业实习期间学生党员的教育管理工作;组织开展了针对毕业生党员的系列教育活动,如思想汇报会、支部组织生活会、各二级学院毕业生党员教育大会、毕业生党员与低年级学生的经验交流会、学校领导与毕业生党员代表座谈会等,进一步加强了毕业生党员的党性教育。

一系列加强学生党员继续教育的得力举措,发挥了学生党员的模范带头作用,真正做到了“一个学生党员就是一个成长成才的榜样”,学校也多次受到上级的表彰。2011 年,学校学生处党支部提供的“师生沟通零距离,订单培养零过渡”案例入选浙江省教育厅创先争优活动主题案例;2012 年,浙江省教育厅《“育人成才先锋”创先争优活动简报》第 146 期报道了由学校学生处党支部提供的稿件《浙江金融职业学院认真做好大学生党员发展及后续教育工作》;2014 年,学校学生处党支部申报的项目“深化服务大厅育人功能 增强阵地意识助推成长”荣获浙江省委教育工作委员会第五轮支部建设创新活动优秀项目;2018 年,学校学生服务党总支、会计学院党总支联合申报的“聚力指点千人成长,示范引领千人成才——基层党组织千名学生成长成才培育示范工程”入选首批全省高校党建示范群。

# 第六章

## 加强学生团建，激发学生青春活力

中国共产主义青年团是中国共产党领导的先进青年的群众性组织，是广大青年在实践中学习中国特色社会主义和共产主义的学校，是中国共产党的助手和后备军，在高校思想政治教育中肩负着重要任务。高校共青团思想政治教育因其覆盖广、形式新、影响大、载体多等显著特点，与第一课堂相辅相成、互为补充，共同构成了大学生思想政治教育体系。

## 第一节　校园文化活动

校园文化活动作为校园文化的构成要素，是开展大学生思想政治教育的重要载体和手段。习近平总书记在全国高校思想政治工作会议上指出，“要更加注重以文化人以文育人，广泛开展文明校园创建，开展形式多样、健康向上、格调高雅的校园文化活动，广泛开展各类社会实践”①。高校团组织要围绕“培养社会主义建设者和接班人”的目标，以中华优秀传统文化、革命文化和社会先进文化为主导，充分利用物质资源、精神财富，开展寓教育、娱乐、审美于一体的各种活动，让思想政治教育潜移默化于校园文化活动当中。

### 一、校园文化活动应把握的时代特征

文化是教育的主要内容，具有润物无声的功能和作用，也是对青年学生进行思想政治教育的重要载体和途径。高校的校园文化建设要凝聚价值理念，坚持立德树人，聚焦青年学生的文化自信，要通过校园文化活动的设计、组织和管理，更好地实现文化的教育、导向、熏陶、凝聚和激励作用，并进一步将先进文化辐射至全社会。因此，在校园文化活动方面要注意把握一些新的时代特征。

#### (一)发展定位要高

高等教育具有人才培养、科学研究、服务社会、文化传承创新等功能，高校在实现自身价值功能的过程中，要坚持社会主义办学方向，认真贯彻党的教育方针，努力培养中国特色社会主义事业的建设者和接班人。这一目标，要求高校综合运用课堂教学、文化熏陶、实践锤炼等多种方式，使大学生在校园中增知识、修

---

① 习近平在全国高校思想政治工作会议上强调：把思想政治工作贯穿教育教学全过程，开创我国高等教育事业发展新局面[N]. 人民日报，2016-12-09.

品德、长才干。同时，高校教育管理者指导和参与校园文化活动的过程，也是其以自身的道德和行为潜移默化地影响学生的过程，这就要求高校校园文化活动的层次和品位要体现价值导向，立意要高，格调要高。

### （二）内容设计要有时代感

校园文化活动具有鲜明的时代性，往往与社会的政治、经济、文化以及教育等多方面都息息相关，其要素、内容、机制、形式都在不断与时俱进。同时，高校校园文化也是社会文化的一部分，必然受到社会文化发展的影响，也反映在校园文化活动和师生思想实际中。比如，“中国梦的文化场域的内在规定及在现实中呈现出的特性都是奠定在社会实践基础上的，是实践赋予其本质及本质特征”①，中国梦的文化元素必然也应该成为校园文化活动内容设计的主要元素。另外，校园文化活动还与地域文化、社区文化、家庭文化等相互作用，一定条件下亦能反作用于地域文化、社区文化和家庭文化，校园文化活动的设计、组织和管理应把握好活动内容的时代感。

### （三）活动方式和途径应多样化

校园文化活动内容的时代感，也表现为活动方式和途径的多样化。当代的青年学生是享受改革开放“红利”成长起来的一代，是伴随互联网成长起来的一代，他们思维活跃，乐于以新颖的、活泼的方式参与校园文化活动。为此，新的历史时期，高校唯有开展内容丰富、形式多样的校园文化活动，才能充分体现青年学生的蓬勃朝气和创新精神。

### （四）活动品牌要有传承性

校园文化的建设和发展具有继承性，比如一所学校的校训、校风、教风、学风等，都得到了良好延续。校园文化的特质也决定了校园文化活动具有一定的传承性，使得校园文化活动品牌的培育成为可能。在高校中，校园文化活动异彩纷呈，一些学生社团、科技比赛、艺术活动、体育赛事等经过多年的发展和积淀，已在高校中形成品牌。

## 二、校园文化活动应遵循的组织机理

文化的发展总是与时代的发展同步伐，高校校园文化反映时代文化的最前

---

① 李艳.“中国梦”的文化场域与大学文化建设[J].思想政治教育研究，2016(2)：33-38.

沿，体现时代文化发展的变迁和趋势。高校校园文化最直接、最显性的表现集中在校园文化活动方面。把握校园文化活动的组织机理，遵循校园文化活动建设和发展规律，以此来设计和推动新时期校园文化建设，是当前加强大学生思想政治教育、提升工作质量的题中应有之义。高校要注意按照时代特征来精心设计和组织开展内容丰富、形式新颖、吸引力强的思想政治、学术科技、文娱体育等方面的校园文化活动，努力把德育、智育、体育、美育、劳动教育渗透到校园文化活动中，使青年学生在丰富多彩的活动参与中受到潜移默化的影响，思想感情得到熏陶、精神生活得到充实、思想境界得到升华。

### (一)丰富校园文化活动的组织形式

一般而言，校园文化活动组织形式分为学校主导型和学生主导型。学校主导型的组织形式是由学校党团组织、二级院系等发起，通过“学校—院(系)—班级”的矩阵展开活动，其思想性、组织性、指导性强，覆盖面广，能将思想教育活动的精神内涵在较大范围内进行宣传教育。学生主导型的组织形式一般由学生会、学生社团、班委以及学生个人组织发起，直接面向一定群体的学生开展活动，形式较新颖活泼，具有吸引力。随着校园文化建设的不断深入，项目委托型的组织形式兴起，近年来越来越多地在实践中被采用。这种形式实际是对资源的有效整合，简而言之就是将学校主导和学生主导两种形式结合起来，既发挥学校在校园文化活动中的指导作用，又发挥学生自我组织、自我教育、自我管理的功能。在校园文化活动的组织管理中，应针对教育主题、活动内容、教育对象，采用合适的组织形式，切实提升校园文化活动的教育效果。

### (二)完善校园文化活动的组织程序

活动组织的一般程序包括活动预备、活动进行和活动总结等环节。活动预备阶段，包括活动的设计策划、组建活动团队、准备活动物资、发布通知和进行宣传、宣讲活动方法和规则、挑选活动主持人、确定评判人员等；活动进行阶段包括参与者的组织、维护现场秩序、保障人员安全、把握时间进度等；活动总结阶段包括新闻宣传、总结反思等。成功组织校园文化活动，需要在组织程序上尽量完善、反复预演、避免遗漏。越来越多的校园文化活动要求组织者做好活动风险预案，一些活动宣传还需要社会合作才能完成，一些活动还要注意事前排练及骨干培训，以积极发挥学生骨干在校园文化活动中的组织协调作用。

### （三）增强校园文化活动组织的有效性

增强活动组织的有效性，需要把握以下三个方面。一是要进行科学合理的策划。活动策划是活动组织的前提，是活动组织方对活动的认识，是活动愿景、活动意义与实施步骤的总体方案。没有科学合理的策划，就难以较好地进行活动组织，或难以实现活动目的。二是组织工作环节要高效。校园文化活动的组织要发动到个人，参与到群体，拓展到网络，增加活动的参与度和覆盖面。管理上要细化目标管理、过程监控和结果反馈，保障活动的组织能实现预定目标。三是加强对组织团队的分类指导。对于学生处、校团委等学校职能部门主办的校园文化活动，可以设立专门工作小组，对活动进行统筹和跟进。对于院系、社团主办的各种活动，学校相关职能部门需要予以关注，整合校内资源，实现活动组织资源的最大化利用。班级、宿舍组织的小型活动，要及时在院系做好活动备案。

## 三、组织校园文化活动应关注的事项

在校园文化活动的组织管理中，要注重贯彻设计理念，不偏离设计初衷，以更好地发挥校园文化活动的价值导向。同时，应结合学生成长发展的阶段特点，服务于学生成长发展需求，更好地发挥文化育人功能。

### （一）统筹校园文化活动的诸多要素

校园文化活动要实现思想政治教育的功能，应在活动的关键环节把握方向、进行监督、保障质量。一是校园文化活动的主体，包括校园文化的创造者和建设者，其思想文化素质决定着校园文化活动的格局，直接关系到校园文化活动的性质和功能。二是校园文化活动的环境，包括物质环境和历史人文环境。物质环境是校园内各种设施和场地，以及在文化活动中所需的物质条件。历史人文环境则是一个动态变化的复杂系统，是大学精神、校风、学风以及师生文化特质等的综合体，对于校园文化活动的设计、组织管理和效果都有重要的影响。三是校园文化活动的途径，即活动主体采用何种方式和手段开展活动。四是校园文化活动的成果，可以体现为价值引领、知识引领和素质养成。价值引领是在一定范围内实现思想共识的凝聚，是与价值观形成有关的教育和自我教育的活动及其成果。知识引领是与知识传承、学业发展有关的教育活动及其成果。素质养成是与综合素质能力全面发展有关的文化活动及其成果。素质养成的成果在一定程度而言涵盖面更广泛，影响力更长远，反映特定的时代背景和文化变迁，也更

能体现校园文化活动的特点和功能。

### （二）把握校园文化活动的管理环节

一是整体管理。包括了解活动背景、成立活动组织团队、考虑负责人与团队规模、制定活动方案、指导活动开展。二是团队管理。涉及活动发起人、负责人、团队班子、团队其他成员。团队人员应当明确职责与分工，团队之间应通过集体会议、经验分享、文档发布等方式进行积极沟通。同时，要重视团队培训。三是进度管理。活动进度管理是对活动的每个环节进行分解控制，关键是以活动目标为依据，合理选取时间节点，编制进度计划，进行进度控制。四是成本管理。主要是对校园文化活动的资金来源、财务控制的管理，包括成本预算和成本控制等环节，也要关注不同类型校园文化活动成本来源构成的变化及其影响。五是风险管理。风险具有随机性、相对性和可变性三个特征，但风险是可控的。可以通过活动的可行性分析、执行监测、活动评估来完善活动的风险防控机制。

### （三）坚守校园文化活动的原则

一是坚持正确的政治方向。这是高校坚持社会主义办学方向的要求。校园文化活动要体现正确导向，引导学生认真学习马克思列宁主义、毛泽东思想、邓小平理论、“三个代表”重要思想、科学发展观、习近平新时代中国特色社会主义思想，教育引导学生正确认识中国和世界发展大势，正确认识中国特色和国际比较，正确认识时代责任和历史使命，正确认识远大抱负和脚踏实地，不断提高学生的思想水平、政治觉悟、道德品质和文化素养。二是维护校园和谐文明。校园文化活动要对学生进行社会主义核心价值观教育，通过中华优秀传统文化、革命文化和社会主义先进文化的教育熏陶，帮助学生树立正确的世界观、人生观、价值观，促进学校的文明和谐发展，同时也要在活动开展中传承学校文化精神，培育创造新的校园文化。三是充分考虑受众差异。在校园文化活动过程中，要充分考虑和吸收不同民族的优秀文化传统，在尊重差异的基础上挖掘其中与社会主义核心价值观相融相通之处，从而更好地引领不同传统中有利于社会和谐、时代进步、健康文明的内容，更好地促进民族团结和文化融合。① 四是管理中体现服务的宗旨。校园文化活动说到底还是为学生成长成才服务的，在活动的组织管理过程中必须始终贯穿关注学生、关照学生、服务学生的宗旨，尽最大可能地

---

① 王帅，肖文旭. 在校园文化活动中深化社会主义核心价值观教育[J]. 思想教育研究，2015(6)：78-80.

满足青年学生成长发展的期待和需求。管理也是一种服务,而且是一种更高层次的服务。“要大力加强大学生文化素质教育,开展丰富多彩、积极向上的学术、科技、体育、艺术和娱乐活动,把德育与智育、体育、美育有机结合起来,寓教育于文化活动之中。”①真正通过高水平的管理为校园文化活动发展创造条件、引领方向,促进青年学生的健康成长和全面发展。

## 四、浙江金融职业学院以丰富多彩的校园文化活动助推学生思想政治教育

### (一)加强文化引领,提升文化活动品质

“诚信文化”“金融文化”和“校友文化”的三维文化育人体系,是浙江金融职业学院文化建设的科学规划和理性追求,也为共青团开展丰富多彩的校园文化活动指明了方向,学校团委积极围绕这条主线,以职业素质养成基地为平台,以学生职业素质提升工程为载体,以贯穿全年的演讲、辩论、征文、竞赛、宣誓、主题班会、走访校友等系列活动,以及主题团日活动、学生社团活动为载体,培养学生诚信品质、金融素养,传承“金院文脉”。

### (二)加强体系构建,打造校园文化活动品牌

丰富多彩的活动是校园文化的重要表现形式,也为学生提供了施展才华、展示自我的舞台。学校校园文化活动以学生“千日成长”工程为统领,以“科学文化艺术节”“学生社团文化节”和“金融文化节”“财会学子风采节”等学校、二级学院两级文化节为主体,以团支部文化活动和学生社团日常文化活动为补充,校、院、班三级联动,开展主题鲜明、丰富多彩的校园文化活动,每年平均举办校园文化活动500余项,吸引万余人参与其中。2014—2019年,通过校园文化活动培育的优秀学生和优秀活动项目获得省级以上综合素质类比赛奖项达350余项,获奖学生数近2000人次,学校多次获得浙江省大学生社团文化节突出贡献奖。

### (三)培育品牌优势,引领创新创业新风尚

近年来,在完善的立项、培育、指导、竞赛机制推动下,浙江金融职业学院先后组织了11届“挑战杯”创新创业竞赛校内竞赛,先后立项资助了1800余件学生作品,其中推荐参加浙江省高职高专院校“挑战杯”创新创业竞赛的作品中分

① 中共中央国务院关于进一步加强和改进大学生思想政治教育的意见[N].人民日报,2004-10-15.

别有多项获特等奖及一、二、三等奖，连续6届获得优秀组织奖，每年都有不少于3项作品获得浙江省"挑战杯"大学生创业计划竞赛及大学生课外学术科技作品竞赛二、三等奖。2009年以来，学校每年有不少于10个项目获得浙江省大学生科技创新活动计划暨新苗人才计划项目立项。通过大学生活动计划创新创业竞赛和科技创新活动计划，引领了校园创新创业的新风尚。

## 第二节　社团活动

"高职院校的学生社团，是指在文体艺术、专业学术、科技创新及公益服务等方面有共同爱好、特长、追求、兴趣、观点的学生，经校内有关部门批准，自愿组成的群众型团体。"①一般分为理论学习、学术科技、公益实践、文体娱乐等几大类。② 学生社团在高校人才培养中扮演举足轻重的角色，是学生自我教育、自我管理、自我服务的主要阵地，也是高职院校实施思想政治教育的有效途径和平台。

### 一、学生社团在学生思想政治教育中的功能定位

"高职院校学生社团在学生思想政治教育中的功能是指学生社团在高职院校思想政治教育实践中所起的作用，表现为对学生思想品德能力素质、知识积累和情操培养所产生的潜移默化的影响。"③概括起来，主要有六大功能。

#### （一）目标承载功能

一般而言，高职院校学生社团是在学校团委指导下开展校园文化活动的学生非正式组织，其存在数量之大、内容之丰富、各层次学生覆盖面之广远远高于班级和学生会，在加强校园文化建设、提高学生综合素质、引导学生适应社会、促进学生成才就业等方面发挥着重要作用。学生社团具有目标趋同性、形式民主性、组织波动性和成效辐射性等特点，学校完全可以借助学生社团本身的组织特点，运用这个思想政治教育载体，对活动的开展进行正确有效的引导，将思想政治教育目的、任务、原则和内容慢慢渗透给大学生，巩固和扩展课堂思想政治教

---

① 顾思伟.学习型组织：高校学生社团发展的新愿景[J].文教资料，2007(2)：40-41.

② 于丹.高校学生社团德育功能研究[D].长沙：湖南农业大学，2013.

③ 罗成翼.论高校学生社团文化的德育功能[J].思想教育研究，2003(5)：30-32.

育的效果，变显性思想政治教育为隐性思想政治教育。此外，随着学生的主体意识和参与意识越来越强，个人发展要求也越来越高，单一的课堂教育满足不了他们对掌握知识、把握形势的热烈渴望，但在学生社团的活动中他们可以找到理想天地。在活动开展中，大学生会主动寻求学校的指导和支持，与老师进行频繁的互动。与此同时，思想政治教育工作者又可以借助学生社团这个载体，充分了解学生的思想状况和理想追求，及时调整思想政治教育方式，制订思想政治教育计划，增强思想政治教育实效性。

### （二）教育导向功能

学生社团的教育导向功能，是指运用启发、动员、教育、监督、批评等方式，把人们的思想和行为引导到符合社会发展要求的正确方向上来。[①] 首先，社团的宗旨规定着社团的性质、任务、活动内容以及发展方向，其鲜明的导向性对社团以及其他学生的价值观产生着直接的影响。如理论学习类社团，其宗旨就是学习、掌握并运用好党的各项政策，它对学生的思想要求比较高，同时也更能促进学生思想上进，把学生引到进步向上的目标上来。其次，社团及社团活动的自主选择性让大学生能在比较、分析、体验、评价的过程中，通过选择自己需要的精神食粮，自主地受到感染熏陶，促进其思想感情的变化，在潜移默化之中达到自我教育和相互教育的目的。最后，学生社团活动由团组织直接领导和指导，一方面，可以借助学生社团这一重要载体为实现学校的教育目标服务；另一方面，积极健康、丰富多彩的社团活动又是锻炼学生品质、培养学生情操的重要形式。

### （三）凝聚激励功能

高职院校学生社团是大学生基于兴趣爱好、追求自身的理想而自发组织在一起的共同体，它能充分激发社团成员积极向上的热情，鼓励相互团结合作的精神，传递勤奋钻研、不断创新的正能量，以此来培养大学生的个人竞争意识、协同合作精神和团队生活责任感。一方面，大学生在社团活动中产生对社团的归属感、荣誉感和责任感，这样的精神黏合剂，具有不可低估的凝聚力和感召力。另一方面，学生社团的凝聚激励功能还体现在对学生的精神激励上，包括榜样激励和情感激励。一个优质的学生社团必定拥有综合素质高且个人魅力十足的灵魂人物，这对社团成员起着无穷的榜样作用，促使成员对照先进找差距，激励其奋发向上。

---

① 陈万柏，万美容，李东升．思想政治教育学原理新编［M］．武汉：华中师范大学出版社，2000．

### (四)身心调节功能

在开放的社会大环境下，大学生的人生观、价值观、是非观极易受到不同文化及思潮的影响。而学生社团在预防和纠正学生的心理问题以及促进学生心理发展的过程中能发挥重要作用。学生社团因其活动的多样性、趣味性，管理的民主性，成员之间的平等性和爱好趋同性，成为大学生心理宣泄和情感舒缓的良好平台。此外，大学生在社团活动开展中通过充分展示自己的才能和提升自己的综合素质，能增强自信心，这就有利于那些具有自卑心理或游离于班集体的学生产生归属感和安全感，找到努力和奋斗的目标，提升自我价值感、存在感和责任感，促进心理健全和人格完善。

### (五)约束自律功能

学生社团的约束自律功能对大学生道德的培养具体表现在两个方面。从硬约束力来看，明确的道德目标和规范是自教自律的前提条件。这种硬约束不是静态性的，而是人们朝向一定目标、遵循一定规范的动态性规约。高职院校学生社团的规章制度就是全体成员共同认可并一致遵守的目标和规范，是一种准则和集体观念，表现为一定的规范性和纪律性，对社团成员的行为具有规范和约束作用，同时也赋予社会成员一种责任感。从软约束力来看，大学生在社团活动中植入正确的理想信念、社会道德观以及学校精神，并在心灵深处形成一种心理定式，构造出一种响应机制。这样，当外部发出诱导信号时，就会得到大学生内部心理的积极响应，并迅速地转化为预期行为。大学生在社团活动中时时受到这样的软约束的感染，因而能在活动目标的感召下，自觉地认同学校思想政治教育的教育目标、教育思想和行为准则，并努力践行之。

### (六)素质养成功能

高职院校的学生社团是校园文化的重要载体，对大学生的素质养成具有重要的影响。首先，理论学习类社团对培养大学生的思想品德素质具有重大作用。学生社团活动过程中的交往和相互影响，对大学生深刻理解道德规范的含义有重大意义，能使表面的道德规范内化为思想和意志，思想和意志进而外化为行为和习惯，从而培养大学生的社会责任感和无私奉献精神，塑造大学生的崇高精神，培养大学生的坚定信念和高尚品质。其次，文体娱乐类学生社团对大学生身心健康发展具有促进作用。该类社团经常开展主题鲜明、寓教于乐的活动，可以让学生在紧张的学习之余放松身心。再次，专业技能、学术科技类学生社团拓展

了大学生的专业素质。专业素质是大学生的主要特征，科技竞赛、学术讲座等社团活动可以调动和激发大学生的学习积极性，提高大学生对专业知识及其他知识领域的认知和理解能力，进一步开阔视野。最后，公益实践类社团能培养大学生的实践能力和服务意识。学生参与该类社团活动，可以在潜移默化中培育感恩意识、奉献精神，锤炼自身的实践能力和创新思维。

## 二、学生社团活动在高职院校思想政治教育中的重要作用

### （一）学生社团活动是思想政治理论课的重要补充

目前，全国高校对学生实施思想政治教育的渠道主要是思想理论教育课，主导的理论知识教育方式都是在第一课堂中进行，并且形成了相对科学的教学体系，高职院校也不例外。思想政治理论课在学生思想政治教育方面的作用是明显的，其主要内容有：理论教育，向学生传授马克思主义的世界观、人生观和价值观；品德教育，指导和规范学生的道德实践及日常生活行为；法律基础教育，传授法律基础知识，让学生具备法律意识。但思想政治理论课也需要拓展第一课堂之外的时空。作为思想政治理论课重要补充的学生社团，可以在学校团委的正确领导下，有计划、有目的地开展符合学生发展需求的主题活动，调动学生的主动性、积极性和创造性，从而将思想政治教育工作有效地覆盖到学生的第一课堂之外的空间。

### （二）学生社团活动能高效落实“立德树人”根本任务

党的十八大报告将“立德树人”确立为我国教育的根本任务。我们认为，“立德树人”的“德”，除了包括学生的道德操守、独立人格、健全心理等传统内容，还应包括学生的精神追求和政治灵魂，主要是以马列主义、毛泽东思想、邓小平理论、“三个代表”重要思想、科学发展观、习近平新时代中国特色社会主义思想为指导，坚定理想信念，真信真学真用马克思主义理论，以科学的理论指导实践。长期以来，我国的高中教育目标单一，也相对较为功利，判断一个学生优秀与否的标准就是成绩，忽视了对学生的思想政治教育。这种教育的后果就是学生进入社会后，在遇到复杂的社会问题时，找不到正确的处理方式，容易造成个人道德信仰的迷失。相比片面追求高分和高升学率的高中阶段教育而言，大学教育更为开放，学生的学习主动性更强，评价学生的标准更全面。而作为学生自发成立的组织，学生社团的育人效果评估机制十分柔性和人性化，对“失败”的评价标准以及“失败”的原因分析更趋多样化，对成功的理解也更多元化，综合能力、心

理素质和道德操守等都是衡量学生优秀与否的标准，并不是单一的“以分度人”。所以，高职院校抓好学生社团这一平台开展思想政治教育工作，通过有目的的引导，把社会主义核心价值观融合在活动开展中，更有利于“立德树人”教育理念的落实，能更好地促进“立德”和“树人”的结合。

### （三）学生社团活动能大力营造“以人为本”的思想政治教育环境

在大学校园里，和谐的思想政治教育环境对大学生个人品德的养成起着至关重要的作用。现在，每个高职院校都有几十个甚至上百个学生社团，极大地丰富了大学生的校园生活空间，它们的存在与不断发展是营造和谐的思想政治教育环境必不可少的因素。当代大学生基本都是“00后”，他们在精神上追求独立而心理上又相对脆弱，在大学这样一个比中学生活更开放自由的环境里，如果课余生活长期得不到正确的引导，他们很容易产生隐性心理问题。高职院校学生社团是一个同辈群体性质的学生组织，是由学生个人自由选择结成的非正式群体，具有较强的内聚力，成员之间基本上是平等关系，交流、交往的内容十分广泛，社团经过长期积累，还会形成自己的亚文化。大学生如果能参加到这样具有强大感召力的学生社团活动中，那么同龄人之间的认同感将取代独生子女的孤独感，活动开展时的成就感将取代课业压力中的失落感，与人交流时的协作感将取代小集体中的自我感，大学生将会在学生社团中受到潜移默化的影响，接受正确的世界观、人生观、价值观的熏染，培养健康向上的心理品质。

### （四）学生社团活动能切实增强现代思想政治教育的实效性

传统思想政治教育以课堂教育、理论讲座为主，载体主要是班团组织和学生自治组织。随着当今社会的发展、生源特性的变化以及高等职业教育的改革，高职学生的个体需求结构有了较大的变化，传统思想政治教育载体和思想政治教育方式不能够很好地满足当今高职学生接受思想政治教育的要求，班团组织和学生自治组织的凝聚力和动员力仍需增强。而由学生自身根据兴趣爱好建立的学生社团组织，以开放的“低门槛”准入条件、自主度极高的组织形式、生活化的活动主题获得了大部分学生的青睐，他们在学生社团的活动中交流、切磋、成长。可以说，学生社团活动增强了现代思想政治教育的实效性，成为高职院校思想政治教育的重要载体和有效途径。

素质教育中最强调的就是培养学生的实践能力和创新精神。高职院校学生社团作为第一课堂的重要延伸和补充，是一种不可或缺的课外思想政治教育资源。高职院校学生社团活动是以学生为主体的实践性、亲历性、体验性活动，并

且作为一种以兴趣爱好为纽带自发组织的校园活动群体，对于学生的社会化技能培养具有不可或缺的作用。所以，它更有利于弥补传统思想政治教育方式的短板，增强了现代思想政治教育的针对性。

## 三、实现高职院校学生社团思想政治教育功能的途径

新的时期，积极探索高职院校学生社团的思想政治教育功能，着力构建学生社团思想政治教育功能发挥的有效措施，可以为高职学生思想政治教育工作的顺利开展增加活力、提供动力。

### （一）树立正确的政治导向，确保学生社团思想政治教育功能的方向性

当前，在社会多元文化思潮的碰撞和多重道德价值观的冲击下，大学生在组建社团及开展社团活动时存在偏离正确政治方向的可能性。所以，学生社团活动越是多样，就越需要唱响主旋律，坚持社会主义方向。要在具体工作中形成正确的舆论氛围和导向，坚持“立德树人”，用中国特色社会主义理论武装大学生思想，用社会主义核心价值体系引领大学生思潮。学校思想政治教育工作者要做到以理想信念为核心内容，以科学的理论武装人，以正确的舆论引导人，以高尚的精神塑造人，以优秀的作品鼓舞人，坚持不懈地用马克思主义、毛泽东思想、邓小平理论、“三个代表”重要思想、科学发展观、习近平新时代中国特色社会主义思想来引导和教育大学生，帮助他们树立正确的世界观、人生观和价值观。要在社团活动开展中培养大学生对社会主义和共产主义的坚定信念，使大学生切实领会中国特色社会主义理论体系。只有确保学生社团的社会主义方向，才能培养出真正认同社会主义核心价值体系的优秀的建设者和接班人。

### （二）创新管理方式，巩固学生社团思想政治教育活动成效

第一，培养好社团骨干。高职院校对学生社团的管理重点应该放在对学生管理层的管理上。因为学生管理层是一个社团的主心骨，关乎社团的战斗力和生命力。综合素质高、管理能力强、扎实肯干的骨干队伍，以及他们经过时间历练所形成的优秀社团精神，是高职院校学生社团思想政治教育工作的宝贵财富。

第二，建立好发展机制。“制度在一定意义上是道德的‘合法后裔’，对任何制度都可以做道德上的评价，每一种制度都是基于一定的道德价值观之上的。”①所以从某种意义上来讲，管理制度比人本身更加可靠，制度一旦落实到

① 高德胜.生活德育论[M].北京：人民出版社，2005.

位，就会具有相当稳定的特性，进而成为对组织成员的重要的外部约束力量。高职院校学生社团的可持续运行，必须以发展机制为保障。

第三，落实好指导老师。高职院校学生社团要稳步持续发展，并且形成自身的特色和品牌，离不开社团指导老师的正确引导。一是要出台政策，落实社团指导老师工作量。应根据其指导社团时间多少、效果好坏，核算成一定量的课时，如此才能调动指导老师的积极性，形成长效机制。二是要落实指导老师的工作考核与激励机制。减少指导老师"挂名"现象，学校团委要严格审查指导资格。对指导时间不够、专业技能不过硬、指导态度不端正的老师，在年度教师绩效考核时要酌情予以惩戒；对责任感强、切实做到"立德树人"、指导社团取得成效的老师，酌情予以物质或精神奖励，在晋升职称时予以优先考虑。三是有条件地起用离退休老师。在专业、情感、威望和时间上，离退休老师都比青年教师更具优势，更能从宏观上给予学生社团方向性的指引，学校应该充分利用老教师资源优势，有条件地聘用老教师任社团指导老师，明确其权利与义务。有了指导老师的认真引导，社团活动质量和效果才能得到有效把控，不至于过度娱乐化和商业化。

第四，发挥好精品社团示范性作用。学生社团思想政治教育功能发挥的最大特点就是以学生来影响学生、以学生来带动学生，把学生对思想政治教育的排斥心理减至最少。因此，高职院校在创新学生社团管理方式上应该充分重视精品社团，发挥其示范性作用。

### （三）优化学生社团发展，增强其思想政治教育功能的实效性

第一，始终坚持学生社团学生办的原则。高职院校学生社团是大学生自我教育、自我管理、自我服务的最佳组织，必须充分尊重学生管理社团的主体性，只有在这个前提下，学生社团才能得到健康、协调和持续发展。学校在优化社团发展时，一定要坚持学生社团学生办的原则，"以学生为本"，这就要求在指导社团工作和发挥其思想政治教育功能时，从大学生的实际需要出发，以促进其自由全面发展为目的，最大限度地满足大学生的根本利益。对学生社团的发展做到及时有效地引导，而不是笼统专制地干预。要把学生社团作为实现学校思想政治教育目标的重要载体，而不是完成思想政治教育工作政绩的工具。社团活动的开展要贴近实际、贴近生活、贴近学生，要把大学生实际的呼声和要求作为思想政治教育工作开展的第一信号，把学生的满意作为第一目标，把实现思想政治教育价值作为第一追求，努力做到尊重学生、理解学生、爱护学生和关心学生。

第二，切实加强对学生社团的保障。一是形成规模，努力建好学生社团活动

场所。为加强对学生社团的统一集中管理，使资源分配更加合理，使各社团间的交流更加密切，形成学生社团的规模发展，高等院校应开辟一块专门的区域作为学生社团活动的集聚地，使它成为学生社团文化交流的平台、学生诚信品质养成的平台、学生特长和爱好培养的平台、学生团队精神培育的平台。二是划拨社团活动专项经费。目前，有些社团采取收会费的形式维持日常运行，但这些收取的会费与社团发展的实际需求之间尚存在较大差距，所以，高职院校要单列学生社团专项经费，主要用于社团组织建设和活动开展。三是学校社团管理部门要统筹协调各社团的活动开展，必要时帮助社团做好与学校其他部门的协调。

第三，努力营造“以人为本”的校园环境。“大学生的思想品德是在社会实践活动的基础上，在主客体因素相互作用、相互协调和主体内在的思想矛盾运动转化的过程中产生、发展和变化的。”①这是大学生思想道德形成和发展的基本规律。这说明，大学生思想道德形成发展过程就是在一定的外界环境的影响下，其内在道德情感、道德认识、道德意志和道德行为诸要素辩证运动、均衡发展的过程。要想使高职院校学生社团发挥出最大的思想政治教育功能，必须切实优化学校思想政治教育环境。当前，高等学校思想政治教育环境主要包括校园物质环境、人文环境、人际环境和制度环境四个方面。② 学生社团在其发展过程中同样离不开校园的这四大环境，必然会受四大环境尤其是制度环境和人文环境的影响与制约。因此，要充分发挥学生社团的思想政治教育功能，必须努力营造社团可持续发展的校园环境。

第四，充分利用新媒体探索学生社团思想政治教育新功能。当今的高职学生，大部分时间活跃在网络空间，所以，高职院校必须充分认识和利用好网络这一新型载体，不断创新学生社团运行和管理机制，不断增强学生社团思想政治教育功能的实效性、时效性、针对性和吸引力，为高职院校思想政治教育工作的创新提供有益的借鉴，开辟新的载体和途径。一是引导学生社团在学校团委的指导下，运用 QQ、微博、微信等形式，宣传本社团的办社精神和活动内容，最大限度地扩大宣传范围，降低宣传成本，创新宣传方式，提升社团影响力和知名度。二是号召社团骨干以同龄人的身份在网络上展开交流互动。这样不仅可以使社团成员放下心理包袱，大胆表达意见，还可以解决其心理困惑，有效消解负能量。

---

① 张耀灿，陈万柏. 思想政治教育学原理[M]. 北京：高等教育出版社，2001.

② 周先进. 高校德育环境论[M]. 长沙：湖南人民出版社，2005.

# 第三节　社会实践活动

大学生社会实践工作是改进和加强大学生思想政治教育、促进大学生成长成才的重要途径，是高职院校学生实践教学的有机组成部分。引导大学生深入社会、了解社会、服务社会，既是提高高职院校人才培养质量的重要举措，也是提高大学生实践能力、适应能力、创业能力和创新能力，促进大学生健康成长的迫切需要。

## 一、社会实践在大学生思想政治教育中的价值

### （一）促进大学生的个人价值与社会价值有机统一

随着世界多极化、文化多元化的发展，再加上网络力量的催化，当今社会的大学生接受信息的渠道异常广阔，他们在信息的海洋里畅游的同时，也遭受到各类负面思潮和观念的冲击。比如，诸多网络谣言和社会上的负面情绪也传导至校园，使得象牙塔里的大学生有些时候也会迷失方向。部分学生对我国社会发展现状的认识存在片面性；对个人价值的理解更多受家庭的影响，认为学习的目的在于毕业后找到一份稳定的工作，从而获得稳定的未来；对国家大事漠不关心；等等。

社会实践活动的有效落实，能够帮助学生认识社会现状，使学生在体验中获得感悟与思想提升，践行所学，实现个人价值。① 社会实践活动还能够促进大学生更深层次地理解学习的含义，对自己的专业、对就业形成正确的认知，从而树立正确的社会价值实现目标。

### （二）促进大学生的思想引导和专业培养有效对接

人才是民族复兴、国家富强的基础。高校肩负着为社会主义培养建设者和接班人的重任。所以，高校在进行人才培养时，应加强思想政治教育引导，培养政治过硬、思想守正的高素质人才。同时，应重点培养学生的专业技能，促进高校教学与社会就业的良好对接。社会实践活动是学生在大学阶段提升自身社会

---

① 谢秀秀.社会实践在大学生思想政治教育工作中的实效性研究：以地方本科院校为例[J].青年作家，2015(12)：161.

就业能力、培养正确思想观念的重要途径，各高校将社会实践工作作为人才培养的重要环节，一方面是对高校学子思想、实践两方面的提升，另一方面是对《关于进一步加强高校实践育人工作的若干意见》《关于加强和改进新形势下高校思想政治工作的意见》等政策的落实。

### (三)促进高校思想政治教育理论与实践有机结合

思想政治理论课虽有一些实践课时，但是恰如其名，它更注重理论阐释。社会实践活动的落实，能够使学生加深对理论的认识，提升思想政治教育的实效性。

## 二、高校社会实践活动存在的问题

### (一)对社会实践活动缺乏正确认知

第一，部分高校对学生的实践调查报告、社会实践活动报告等管理松散，学生以应付差事的心态提交作业，导致社会实践活动无法发挥其应有的作用。第二，许多学生将社会实践活动当成学校的任务，而非自我锻炼的机会。多年来，“60 分万岁”的观念还在影响着高校的学生，他们在校学习时仅仅满足于完成学业、不挂科，在学习思想政治教育课程时，重理论知识轻社会实践。第三，部分学生家长对高校社会实践活动存在认识误区，认为社会实践活动浪费孩子宝贵的学习时间。他们往往更加关注学生是否掌握专业技能，而忽视学生社会交往能力的发展。

### (二)社会实践活动的制度安排不成熟

社会实践活动是思想政治教育的重要环节，政府部门出台了相关政策予以硬性要求，但这些要求更多的是宏观层面的指导，具体实施中需要高校进行自主探究。从实际情况来看，部分高校的社会实践活动覆盖面较窄，部分高校的社会实践活动流于形式，部分高校的社会实践活动价值观较为单一。因此，应积极改进高校社会实践活动的制度安排，深入我国社会发展中的矛盾地区，对社会发展中存在的不足之处进行社会实践任务布置。为扎实推进学生社会实践活动的有效开展，高校应提供专门的经费保障、人力保障。

## 三、“银领之行”引领学生成长——浙江金融职业学院以“任务驱动”推进大学生社会实践工作

### （一）基础扎实，吸引力强

1. 党政重视，保障得力

学校党政领导一直以来高度重视学生的社会实践工作，专门出台关于加强社会实践工作的专项文件，为各类社会实践活动的开展奠定了坚实的基础。每年寒暑假前，学校学生工作委员会都会召开专题会议，研究社会实践工作，学校领导亲自参与活动谋划、组织和实施工作，确定实践方案，明确实践主题，并将社会实践活动的主题与大学生思想政治教育有效对接。与此同时，学校还从思想政治理论课教师、专业课教师、辅导员和共青团干部中选择思想政治素质高、责任心强的骨干教师，担任社会实践活动指导工作。各二级学院由分管学生工作的党总支（副）书记亲自抓暑期社会实践活动。学校每年都会专门设立大学生社会实践教育专项经费。根据各二级学院团总支社会实践活动方案的申报评比，组建了多支核心和重点团队，坚持以集中实践为主，分散实践与集中实践相结合，以点带面，在全校范围铺开。

2. 学生欢迎，积极性高

一直以来，社会实践工作以其“受教育、长才干、作贡献”的定位在高职院校学生中广受欢迎，特别是近年来高职院校推进工学结合人才培养模式改革，深入行业、企业、社会接受锻炼后，学生社会化程度明显加快，学生上下届别之间的朋辈示范作用明显。近年来，浙江金融职业学院的社会实践工作呈现学生自发推动、学校保障推动、机制落实推动的可喜局面，为开展引导工作奠定了扎实的群众基础。

3. “银领之行”，引领前行

银领（silvercollar），一般指既能动脑又能动手，有一定知识水平，熟练掌握高技能的高级技能人才。作为财经类高职院校，浙江金融职业学院培养的学生由于从业状态和环境的不同，常被称为不同于白领、蓝领的“银领”。学校把培育优质银领作为办学目标，将社会实践定位为“银领之行”，不仅是鼓励学生通过努力早日成长为“银领”，给学生精神动力和信心，更是鼓励学生“引领”时代进步，承担社会责任，成为高职学生的榜样。

## (二)项目化实施,在任务中"引领"

1.项目化实施

每个实践团队申报的实践方案就是一个工作项目,团队实践过程就是完成工作项目。项目有清晰的目标、明确的任务和分工,有指导老师全程跟踪。项目实施过程中,团队成员既有分工又有协作。引入竞争机制,对全校参加实践的各个团队和团队项目进行考核和评比。

2.任务中"引领"

学校坚持将社会实践与时代主题相结合、与地方需求相结合、与专业特点相结合,在总结以往社会实践成功经验的基础上,注重实践内容设计,鼓励学生走出去了解社会,静下来思考。创新实践机制,基本保证了实践过程"人人有任务,队队有目标,人人受教育",力求在完成任务的过程中实现对青年的"引领"。任务的"引领"体现在六个方面。

第一,着重引导学生形成正确的社会观察结论。大学生社会实践是学生深入社会、观察社会的重要窗口,在任务设计中,学校特别关注重大理论问题在现实中的表现,比如党的执政能力建设、基层党组织建设、改革开放以来乡村的变化等。平时学生不太关注这些理论问题,在实践中,学生通过自己的观察、自己的访谈、自己的思考,在老师的指导下,和团队成员共同探讨,形成正确的社会观察结论。

第二,着重引导学生正确认识国情。在日常的调研和座谈中,我们发现,相当一部分出生和成长于城市的"00后"学生对我国处于并将长期处于社会主义初级阶段的国情存在认知偏差,我们引导学生深入社会,特别是到比较偏远的农村和山区开展社会实践。项目完成后,学生对国情的了解更加深刻,看待问题也更全面和理性,增强了建设祖国的强大使命感和责任感。

第三,注重引导学生形成理性思考。通过调研我们发现,学生的理性思维能力明显不足,表达不同意见的方式以"发牢骚"居多,不全面、不客观。"看了,听了,做了,要写出来",是我们对所有参加实践的学生的要求,这就给了学生独立思考的空间。写出来的东西需要拿出来交流,这个时候若指导老师恰当引导,效果更加理想。

第四,注重引导学生自觉学习理论。大部分学生对理论本身缺乏理解,不能应用于分析社会现实。我们设计任务时反复强调"没有科学理论指导的实践是无法出真知的",当学生在实践中理不出头绪时,老师介入指导,以增强学生学习理论的主动性。

第五，着重靠情感引导学生。充分利用情感因素帮助学生形成理性认识，无论是了解国情还是认识基层党员的先进性、改革开放以来的伟大成就，都要求学生对自己身边的人进行访谈，突出情感的作用。

第六，着重引导学生“做中学”。设计社会实践活动时，所有项目都要求学生自己主动去做，形成自己的思考，再回过头来重新学习，这与工学结合的高职人才培养模式有共通之处。

## 第四节 志愿服务活动

志愿服务活动是高校思想政治教育特殊的实践活动。它尊重大学生的主体地位，尊重大学生主体发展的意愿，因而能够成为高校思想政治教育的有力武器。当前，大学生思维活跃、情感丰富，这为他们独立成长和自主发展提供了可能，而高校思想政治教育就应该以多样化、系统化的志愿服务活动进一步激发大学生的主观能动性，发挥大学生主体成长的积极性，激励大学生主体发展的创造性，真正使志愿服务活动成为高校思想政治教育的有效路径。

### 一、高校志愿服务活动的思想政治教育价值

高校思想政治教育在社会、历史、文化不断创新的今天表现出更多的新特点与新特征，高校思想政治教育只有站在现实和发展的角度，才能更好地提升大学生的认知水平与实践能力。根据马克思关于人的全面发展的理论，高校借助志愿服务活动能体现思想政治教育的内容和方向，实现思想政治教育理论联系实际、大学生主动发展等一系列目标，这是开展志愿服务活动的初衷，也是高校思想政治教育的要求。

#### （一）志愿服务活动能唤醒大学生的社会责任感

高校思想政治教育将社会责任感列为大学生成长与教育的核心价值，而大学生没有经历社会的历练和生活的挫折，因此无论对社会还是对人生都存在认知不足的实际问题。特别是在当前，改革进入深水区，大学生面临复杂的社会与经济形势，没有切实有效的高校思想政治教育就很容易产生对社会的负面认知，出现急躁心理和对他人产生不满情绪，这些负面的情绪和情感将会制约大学生的成长。高校思想政治教育可以通过志愿服务活动促进大学生亲身经历社会，目睹社会实际，真切感受到改革与发展的成果。

### (二)志愿服务活动能培育大学生的奉献精神

借助志愿服务活动发展和健全大学生的思想品质与精神意志是新时期大学生思想政治教育工作的新举措。通过志愿服务活动,可以培育大学生"我为人人"的奉献精神,从而引导他们不计报酬、不辞劳苦地服务社会和他人,这有利于大学生思想的升华和意识的改造。在志愿服务活动中,大学生可以提升自我修养,在思想认识方面上层次、上境界,迅速提升道德水平。志愿服务活动能够转化为大学生实践与认知活动,更好地培养大学生对社会的积极情感,提升大学生对爱的感知能力,培养大学生对恩情的报答意识,使大学生将志愿服务活动作为主动奉献自己、发挥自身优势与长处的新领域,作为奉献精神激发和成长的新场域、新平台。

### (三)志愿服务活动能提升大学生的自我教育能力

自我控制欠缺、主观性过强、自我认知不足是当前大学生普遍存在的问题,而高校思想政治教育就是要通过各种路径、方法和资源使大学生的自我认知、自我教育得到激励,进而培养出大学生完整的人格和健康的品质。志愿服务活动不但可以丰富高校思想政治教育的内容,而且能使大学生更加贴近实际、贴近生活、贴近社会。通过志愿服务活动,高校能真正建立起以学生为核心的高校思想政治教育形式,形成大学生自主发展、自我教育的互动和活动基础,为大学生发展培养积极、丰富、多样的环境。

## 二、高校志愿服务活动存在的主要问题

### (一)服务领域有待拓宽

目前,我国高校志愿服务活动的内容和形式虽然种类繁多,但是大部分活动是学生自己组织的,很多高校没有专门机构和专门的干部研究并指导志愿服务活动,也没有设立志愿服务活动基金。这就导致高校中有些志愿服务活动不够成熟,不够深入,没有特定的目标,容易形成盲目的、单一的、形式化的志愿服务。这些活动虽然一定程度上体现了志愿精神,为人民群众带去了帮助,但是缺少创新性,并且很多志愿活动属于"一次性"服务,没有建立长期服务机制。所以,高校志愿服务活动的服务领域需要不断拓宽,真正让志愿服务的作用得以发挥。

### （二）服务水平有待提高

高校志愿服务活动要想在更深的层次和更广的范围内开展，就需要不断完善志愿者自身的能力，加强志愿者对志愿精神的认识。在我国高校志愿服务活动中，常常出现应付、对付的现象，有些大学生志愿者在服务基地耗时间，不积极主动地奉献、帮助他人，不能以志愿服务为荣，这都使得志愿服务的品质不能得到保障，成为限制志愿服务发展的内部瓶颈。高校志愿服务活动的成功与否很大程度上取决于志愿者的服务能力、服务水平，因此，需要不断地引导志愿者从象牙塔中走出来，走进社会，认识到服务社会、奉献社会的光荣感和满足感，提高服务水平。

### （三）服务机制有待健全

在高校层面，应该成立专门的队伍，正确指导大学生志愿者的服务工作，从而答疑解惑，帮助他们形成正确的人生观、世界观和价值观，更好地服务社会、奉献社会。在社会层面，应该加大对高校志愿服务活动的支持力度，给予一定的资金支持，健全管理制度。因为高校志愿服务活动不仅是在校内开展，更多的是在校外开展，在社会中开展。社会组织可以为高校志愿服务活动提供一定的便利，帮助高校志愿服务活动走入社会，使高校志愿服务活动更好地与社会接轨，更稳定、更高效、更持久，从而充分发挥高校志愿者的模范带头作用。

## 三、高校志愿服务活动融入大学生思想政治教育的实施途径

### （一）加强青年志愿者的组织管理

发挥志愿服务活动在提升高校思想政治教育实效性方面的价值，必须提升对志愿服务活动的管理力度，进行严格且规范化的控制，以便吸引更多有意向的青年参与到志愿活动当中。因此，要建立专业化、专职化的青年志愿者组织。青年志愿者的素质对志愿服务的水平有着直接影响，同时还有可能影响到志愿服务活动的正常开展，因此高校有必要针对青年志愿者进行有效管理。在志愿者选择和招募的过程中，要对志愿者的动机进行了解，准确评价志愿者的态度与行为，通过公平公正的方式选拔出符合要求的志愿者。在青年志愿者培训工作中可以根据大学生志愿者不同的需求来确定不同的培训内容与培训目标，在健全培训内容方面要重视志愿服务理念的宣传，明确青年志愿者所肩负的责任与义务，以保证青年志愿者活动始终保持正确的方向。在志愿服务提供的培训方面

要提供基本的技能培训，严格制定服务规范与标准，保证青年志愿者的服务质量，以最大限度发挥志愿服务活动的效用，为践行高校思想政治理论、提升高校思想政治教育实效性提供保障。

### （二）将志愿服务活动作为思想政治教育的支点

对志愿服务活动进行规范化的组织管理，做好整体规划工作，明确领导人员，详细落实具体工作。对志愿服务活动进行原则上的指导，针对不同类型服务的特征，建立教师与学生协同开展的模式，帮助大学生解决志愿服务活动中存在的各项问题，进一步提升志愿服务活动的思想政治教育价值。

### （三）将志愿服务活动作为思政教育的实践形式

高校思想政治教育中，实践平台对于学生深化思想政治理论知识有着十分重要的作用。思想政治教育实践课程可以提升大学生利用思想政治理论分析问题、解决问题的能力与素养，进而提升大学生的思想道德水平与综合能力。因此，高校可以将志愿服务活动纳入思想政治教育实践教学中，使之成为思想政治教育的考核指标。

### （四）将志愿服务活动作为思政教育的重要资源

志愿服务活动是高校思想政治教育的一种高效载体，可以使思想政治教育的内容更加丰富、更加多元化。高校需要把志愿服务活动作为思想政治教育的隐性课程，通过社区服务等形式来引导学生积极进行社会实践，使大学生在参与志愿服务活动与社会实践的过程中强化自我认识、自我管理，提升与他人沟通、合作的能力。

### （五）以志愿服务活动强化"以生为本"育人理念

"以生为本"是高校思想政治教育最为基本的理念，它通过人性化的管理方式体现。高校的思想政治教育要始终做到以学生为本，就需要强化对学生主体意识的尊重，按照学生的成长规律进行教育管理，贴近学生的生活实际与学习需求。志愿服务活动关注学生的积极性，在尊重差异基础上满足学生在思想政治学习中的各项需求，从而体现高校"以生为本"的育人理念。高校组织开展志愿服务活动可以创造各种有利环境与条件，挖掘学生的内在潜能，引导学生在接受思想政治教育以及为社会服务的过程中形成更加强烈的社会责任感与使命感。

# 第七章

## 创新工作载体，
## 因材施教开展思想政治教育

# 第一节　高职院校思想政治教育载体创新

思想政治教育从根本上是做人的工作，做人的思想工作。高校思想政治工作主要是帮助学生树立正确的世界观、人生观、价值观，解决的是培养什么人、为谁培养人、如何培养人的问题。随着经济社会的发展，网络的普及，人们的思想活动的独立性、选择性、多变性和差异性增强；随着高等教育的大众化步伐加快，高等学校的开放性不断增强，高校思想政治工作的挑战与机遇并存。在高校开展学生思想政治教育，要统筹考虑时代发展特征、高校办学特点、高等教育规律和学生成长规律，要注重发挥思想政治教育载体连接教育主体和客体的桥梁和纽带作用，创新与优化思想政治教育载体。

## 一、高校思想政治教育载体及其特征与形态

### （一）高校思想政治教育载体

思想政治教育载体是指"在实施思想政治教育的过程中，能够承载和传递思想政治教育的内容或信息，能为思想政治教育主体所运用，促使思想政治教育主客体之间相互作用的一种活动形式和物质实体"①。"思想政治教育载体是承载和传递思想政治教育信息的媒介，是连接思想政治教育主客体的纽带"，"高校思想政治教育必须要通过一定的载体进行，没有载体，信息便不能在教育者与被教育者之间得到很好的传递和反馈"。② 高校思想政治教育载体应该能够承载思想政治教育的目的、任务、原则、内容等信息，能联系教育主体和客体。高校思想政治教育载体应具有教育信息的承载性，教育主体与教育客体之间的关联性、中介性，教育主体将教育信息传递给教育客体的传导性、实践性和可操作性，同时还包括教育信息的阶级性和方向性、正确性和可控性。

### （二）高校思想政治教育载体的特征

思想政治教育载体不仅反映了思想政治教育活动中的工具性特点，而且与思想政治教育主体是被利用与利用的关系，体现了属人性的特点。常见思想政

① 张耀灿，等. 现代思想政治教育学[M]. 北京：人民出版社，2006：392.

② 徐学英，谢华. 试论高校思想政治教育载体的创新[J]. 黑龙江高教研究，2012(3)：118-120.

治教育载体包括语言载体、行动载体、管理载体、活动载体、文化载体、传媒载体、网络载体等。[①]“思想政治教育载体具有人的主体性、实践性、现实性的特征，其选择和开发不仅要注重载体自身的规律，更要凸显载体运用带来的意义空间，从某种意义上来说，意义空间是思想政治教育载体的本真存在。”[②]一个好的高校思想政治教育载体应具有鲜明的政治性、方向性，具有科学性、引领性、互动性、实践性，是对大学生开展爱国主义、集体主义、社会主义教育，帮助其树立正确的世界观、价值观、人生观，使其自觉践行社会主义核心价值观的承载者。

### （三）高校思想政治教育载体的形态

思想政治教育载体的具体表现形态多种多样，依据不同的标准可以划分不同的形态：根据载体性质，可以划分为物质载体和精神载体；根据载体表现形式，可以划分为有形载体和无形载体；根据载体内容，可以划分为文化载体、管理载体、活动载体等；根据载体呈现形态，可以划分为显性载体和隐性载体；根据载体的历史发展阶段，可以划分为传统载体、现代载体；根据载体的外显方式，可以划分为文化载体、管理载体、活动载体、大众传播载体；根据载体存在状态，可以划分为动态载体和静态载体。[③] 这些都是为了工作方便而划分的，一个载体往往包含若干种形态，而诸多载体也可以相互包含。例如，管理载体中当然可以包含文化因素，甚至就是一个文化载体，而活动载体中可以既有传统载体也有现代载体。

## 二、高校思想政治教育载体创新的必要性

### （一）高校思想政治教育载体创新是人才培养的前置条件

2016 年，在全国高校思想政治工作会议上，习近平指出：“我国高等教育肩负着培养德智体美全面发展的社会主义事业建设者和接班人的重大任务，必须坚持正确政治方向。高校立身之本在于立德树人。只有培养出一流人才的高校，才能够成为世界一流大学。办好我国高校，办出世界一流大学，必须牢牢抓住全面提高人才培养能力这个核心点，并以此来带动高校其他工作。”[④]2011

① 曾令辉，贺才乐，陈敏. 思想政治教育载体研究的回顾与展望[J]. 思想教育研究，2014(10)：17-25.

② 倪松根，孙其昂. 思想政治教育载体价值的逻辑意蕴及其实现[J]. 思想教育研究，2017(8)：31-35.

③ 曾令辉，贺才乐，陈敏. 思想政治教育载体研究的回顾与展望[J]. 思想教育研究，2014(10)：17-25.

④ 习近平在全国高校思想政治工作会议上强调：把思想政治工作贯穿教育教学全过程，开创我国高等教育事业发展新局面[N]. 人民日报，2016-12-09.

年，《教育部关于推进高等职业教育改革创新引领职业教育科学发展的若干意见》提出“高职教育培养行业一线所需的高端技能型专门人才”。作为高等学校重要组成部分的高等职业院校，所培养的“高端技能型专门人才”，首先要是德智体美全面发展的社会主义事业建设者和接班人。在高职院校创新思想政治教育载体，开好思想政治理论课，做好文化育人工作，是人才培养的重中之重，是培养“高端技能型专门人才”的前置条件。

### （二）高校思想政治教育载体创新是开展思想政治教育的重要依托

“任何思想政治教育活动，都离不开一定的载体。思想政治教育载体，是指在思想政治教育过程中，思想政治教育主体为实现一定的目标所运用的，能负载、传递一定的思想政治教育信息，发挥着连接思想政治教育主体与思想政治教育客体，并促使二者之间相互作用的一种思想政治教育活动形式，如课程教学、组织建设、管理工作、大众传播、文化活动等。”①倪松根、孙其昂认为，“思想政治教育载体担负着思想政治教育内容或信息的承载、传递的功能，且连接着思想政治教育的主客体，在思想政治教育运行中起着承上启下的作用，即教育主体对社会主导的思想观念、政治观点和道德规范的传递，以及教育客体对社会主导内容的社会认同。思想政治教育主客体在选择和运用载体方面，都有着明确的价值导向，即通过思想政治教育这一实践活动，使统治阶级主导的思想观念、政治观点和道德规范上升为社会主流的价值观点、道德规范和行为规则”②。思想政治教育载体是开展思想政治教育的必要组成部分，载体的状况在某种程度上决定着各要素间能否较好地相互作用、协调发展；载体设计的科学性直接决定着思想政治教育活动能否顺利开展，能否取得预期成效；载体设计的覆盖面直接决定着思想政治教育的覆盖面；载体设计的合理性直接决定着思想政治教育的针对性和有效性。

## 三、高校思想政治教育载体创新遵循的原则

一是坚持政治性原则。思想政治教育必然体现着统治阶级的意志，其载体的选择首先要注重政治性。对我国高职院校而言，思想政治教育载体要坚持马克思主义指导的方向性、中国共产党领导的原则性、培育和践行社会主义核心价值观的主导性。二是坚持科学性原则。思想政治教育载体设计要以科学的理论

---

① 孙梦婵，杨威. 论新时代思想政治教育载体的新发展[J]. 思想政治教育研究，2018(3)：63-67.

② 倪松根，孙其昂. 思想政治教育载体价值的逻辑意蕴及其实现[J]. 思想教育研究，2017(8)：31-35.

为指导，即注重载体设计的理论性，同时注重载体设计的合理性、载体实施的价值性。三是坚持系统性原则。在载体设计时，要考虑学校全员、全程、全方位开展思想政治教育的整体性，兼顾不同年级的层次性以及载体实施中的层次性，学生成长的过程性以及载体实施的过程性。四是坚持可行性原则。设计出的思想政治教育载体应具有实践性，即可操作；具有新颖性，能够吸引受教育者主动参与、乐于参与；具有实效性，即载体实施后能够取得思想政治教育主体预期的教育效果。同时，在思想政治教育载体设计中还应该处理好继承与创新、显性教育与隐性教育、思想政治教育主体的主导性与受教育者的主动性、理论与实践等关系。

### 四、高校思想政治教育载体创新的途径

一是提升优化已有载体。在多年的办学实践中，高职院校基本形成了一套行之有效的思想政治教育载体，在开展学生思想政治教育工作中发挥着重要的作用。但是随着经济社会的发展，学校办学环境以及生源均发生变化，学校应定期梳理并淘汰那些已经不适应当下思想政治教育工作的载体，提升优化一些育人载体。例如，紧跟教育部学籍管理办法的修订步伐，修订本校学生手册，调整管理载体；优化学生理论社团组织，开展“青年学子学习青年习近平”活动，创新活动载体；深化学生思想政治理论课教学和课程思想政治教育，巩固课堂载体。二是开发利用网络载体。当下，学生随时随地都在使用自媒体，在移动端花的时间也越来越长，开发网络载体、推进校园融媒体建设的必要性也越发凸显。高等职业教育有其自身特点，每个学校又有其自身特色。高等职业院校思想政治教育载体创新应结合高等教育、职业教育要求，紧密联系行业企业文化特色和职业道德要求，以及学校人才培养的目标。

## 第二节　高职院校思想政治教育载体创新实践案例之“明理学院”

高等职业教育在我国经过了 20 多年的实践探索，建立起了完善的办学体系，已经发展成为我国高等教育的一支重要力量。高职教育作为高端技能型专门人才培养的教育，在长期的发展过程中过度强调高技能培养，导致人才培养的片面性。随着高等教育界人文素质教育推进和《国家中长期教育改革和发展规划纲要(2010—2020 年)》的贯彻落实，人文素质教育已成为当前高职教育改革

创新的关注点和热点问题。

## 一、高职人文素质教育的含义

1999年6月,第三次全国教育工作会议通过的《中共中央、国务院关于深化教育改革,全面推进素质教育的决定》对素质教育做了深刻全面的阐述:实施素质教育,就是全面贯彻党的教育方针,以提高国民素质为根本宗旨,以培养学生的创新精神和实践能力为重点,努力造就有理想、有道德、有文化、有纪律、德智体美等全面发展的社会主义事业建设者和接班人。

高职院校人文素质教育是一种正在实践的教育理念。我国高等学校素质教育的倡导者和实践者杨叔子院士说过一段话:"我们的高职教育,一要教会学生如何做人,二要教会学生如何思维,三要教会学生掌握必要的科学知识和人文社会方面的知识与运用这些知识的能力。"①高职教育具有职业性,这就要求高职教育重视专业知识的传授和专业技能的培训,注重学生职业技能的培训,使学生掌握一技之长。同时,高职教育又具有人文性,社会需要和谐发展的人,即除了一技之长外还需要有一定的人文科学知识、自觉的人文关怀精神和较强的创新实践能力。人文素质教育为学生从事某一项职业提供一种工具的准备和职业持续发展的准备,以期达到人与职业的和谐,从而实现高职教育知识、能力、素质教育目标的结合与统一。

所以,高职人文素质教育是依据高职学生的发展需要和社会发展的实际需要而开展的,以全面提高学生的职业素质和人文素质为根本目的,以尊重学生主体性和主动精神,形成学生的健全身心为根本特征的教育。

## 二、现阶段高职人文素质教育实施的基本途径

高职人文素质教育有职业性与人文性双重特质,所以在实施人文素质教育时要着眼于学生的全面发展,关注学生的职业知识、职业能力和职业素质,关注学生的心灵和价值,关注学生的精神与理想。

### (一)树立以人为本的教育理念,形成全员、全方位、全过程开展人文素质教育机制

培养高技能应用型人才是高职院校的教育目标。高职院校应当在职业人文

① 转引自:许苏民.人文精神论[M].武汉:湖北人民出版社,2001:37.

主义的视角下树立"以人为本、全面发展"的人才培养理念，真正把职业教育和人文教育融为一体，培养全面发展、德才兼备的"职业人"和"社会人"，全面加强和改进德育、智育、体育、美育等工作，从而实现学生全面发展与个性发展的统一。

全员、全方位、全过程开展人文素质教育，要求教职工全员参与、学院各部门全方位参与和学生求学期间全过程开展素质教育，将素质教育作为一种教育理念贯穿高职教育全过程。全体教职员工必须将基于职业人文发展的素质教育理念贯穿到自己的整个教书育人过程中，每个部门通力合作，将实施素质教育作为共同责任，并持之以恒地践行。

### (二)推进人文与职业课程体系改革，构建提高学生综合素质的课程结构

专业课程的设置从根本上制约着学生素质教育的内容，高职素质教育要尊重学生的个性发展，构建多元化的人才培养，就得在课程设置上进行改革，在注重实践动手能力的同时加强人文素质的培养。课程结构既要突出能力本位，又要兼顾思想道德、文化素质等人文素质的培养。精心设计以文、史、哲、艺术为主体的人文素质教育课程体系，将素质教育融入人文素质课程中，融入专业课程教学中。课程结构既要保证学生科学文化素质的整体提高，又要能充分发展学生个性和创造能力，使学生的智力与身心得到健康发展。建立灵活开放的学习制度，探索弹性学制的培养方式，促进文理交融和文体交融，形成体系开放、机制灵活、渠道互通、选择多样的课程体系，促进素质教育的有效实施。

### (三)提升第二课堂与第三课堂的质量，促进学生人文素质的内化和提升

作为第一课堂教育的补充和延伸，第二课堂(学生党团社团)、第三课堂(社会实践)有利于学生开阔视野，培养能力，陶冶情操，实现全面发展。针对职业素养的提升，高职院校可以组织科技竞赛、创业竞赛、专业技能竞赛、专业实践、专业讲座等。针对人文素养的提升，高职院校可以开展个性化教育，举办丰富多彩的校园文化活动，如演讲、辩论、朗诵等比赛，为学生搭建展示舞台，营造浓厚的校园人文氛围。

### (四)创新学生管理与服务方式，拓宽学生素质教育渠道

瑞士教育家裴斯泰洛齐(Johan H. Pestalozzi)认为："教育的目的在于发展人的一切天赋力量和能力。"高职教育的生源主要是普高生和三校生(中专生、职高生和技校生)。按照生源类型的不同，学生的特质也是不一样的，需要分类进行素质教育的引导。这就需要创新学生管理与服务方式，尊重教育对象的个性

和个性潜能的差异，将学生看成发展中的人，充分发挥学生的潜能。

在学生管理与服务方式上，高职院校要树立重视学生个性化和创造性的素质教育观，遵循“以人为本”管理理念，创设各种有利条件，组织丰富多彩的活动，深入发掘学生的潜能，使学生真正得以全面发展。在管理与服务过程中，高职院校要充分考虑学生的心理需求，因势利导，尊重学生的个性差异，鼓励学生创新，激发学生自我教育、自我管理的积极性和能动性。通过多渠道的素质教育，使学生成为拥有自己专业特长、拥有独特兴趣和创新能力的“职业人”与“社会人”。

## 三、以明理学院为平台的高职一年级学生人文素质教育案例

经过多年的实践探索，浙江金融职业学院逐步树立了科学的职业院校素质教育理念，创建了以明理学院为平台的高职一年级学生人文素质教育平台。

### （一）案例研究背景

为切实贯彻“教育为本，德育为先”的育人原则，深入开展人文素质教育，浙江金融职业学院于2009年3月成立明理学院。作为学校独立设置的学生人文素质教育的教学与管理机构，明理学院的职能在于整合全校的文化素质教育资源，以“明法理、明德理、明事理、明学理、明情理”为目标，面向全院学生开展人文素质教育活动，基于优秀传统文化、大学文化和职业文化，培育“守法纪、能做事、懂做人、爱学习、会生活”的优质学子。

在时间维度，明理学院坚持“强基重始”，从学生入学开始就加强始业教育和素质培育；在过程维度，明理学院贯彻“知行合一”理念，全力打造德智体美全面发展的应用型人才；在组织维度，明理学院坚持“教育合力”，全面促进素质教育与专业教育的深度融合。

### （二）主要做法

1.健全人文素质教育机制，保障人文素质教育有序推进

学校响应《中共中央、国务院关于深化教育改革，全面推进素质教育的决定》的精神，以素质教育为核心，先后出台了《关于深化素质教育进一步推进文化育人和实践育人的若干意见》《关于进一步加强学生社团建设的实施意见》《关于进一步加强实践育人工作的实施意见》《浙江金融职业学院素质拓展类竞赛管理办法》等文件，印发了《素质教育实施纲要》及《公民素质教育实施方案》，从制度上保障了人文素质教育的可持续发展。

2.学校主动扛旗,初步构建推进全国高职人文素质教育的协作平台与机制

学校长期致力于推动高职人文素质教育研究,倡导建立全国高职人文素质教育协作平台与机制。2011 年 11 月,学校入选全国大学生素质教育学会副会长单位;2014 年 3 月,学校入选中国高教学会大学素质教育研究分会高职素质教育工作委员会主任委员单位;2015 年 6 月,学校入选中国职业教育学会德育工作委员会副主任单位。此外,学校还是浙江省高职院校党建研究会会长单位、浙江省高职教育研究会理事长单位。

3.建好货币博览馆,作为"浙江省非物质文化遗产传承教学基地"与"浙江省社会科学普及示范基地",为人文素质教育的开展提供现实物质载体

学校货币博览馆通过实物货币、金属铸币、信用货币、电子货币等货币类型,生动形象地展示了我国货币历史和钱币文化的发展脉络,揭示了从钱庄、储蓄所到电子银行这一系列金融机构的演进历程。此外,货币博览馆还展出了欧美、大洋洲、非洲及亚洲周边部分国家的各种货币,并介绍了假人民币识别的基本方法。货币博览馆已成为杭州乃至浙江的传统文化教育基地与金融文化教育基地,并于 2010 年 10 月、2012 年 12 月先后获评"浙江省社会科学普及示范基地"与"浙江省非物质文化遗产传承教学基地"。

4.完善大学生人文素质教育平台,拓展人文素质教育空间

整合形成了完善的人文素质教育课程体系。人文素质类相关课程设置包括公共基础必修课、公共基础选修课和明理教育讲座三个模块。公共基础必修课是为实现育人目标而面向全体学生普遍开设并列入教学计划的课程,包括三类课程:一是思想道德素质类课程,主要有"思想道德修养与法律基础""毛泽东思想和中国特色社会主义理论体系概论"和"人文素质与职业素养"(包括"学习生活指导""职业生涯规划""中国优秀传统文化""诚信文化理论与实践")等;二是基本职业应用能力类课程,主要有"基础数学""大学英语""应用文写作"等;三是身心健康类课程,主要有"高职体育"(包括"职业实用体育""职业综合素质拓展训练")和"心理健康教育"等课程。公共基础选修课是为深化和拓展育人目标而面向部分学生开设的课程,包括两类课程:一是人文艺术类课程,主要有"艺术概论""古代诗词赏析""中国文学""西方文学""美术欣赏""歌唱艺术""书法基础"等;二是理论素养类课程,主要有"哲学原理""社会学""伦理学"和"法学"等。明理教育讲座是明理学院根据学校的培养目标及在调研中发现的学生存在的实际问题,邀请相关教育专家、杰出校友和本校教授开展常态化的明理教育系列讲座,分为教授讲堂、学长讲堂和博士讲堂,每学期召开 4 次以上,选题贴近学生实际,有针对性地开展学生人文素质教育。

对接第一课堂，推动了学生第二、第三课堂活动的深入开展。一是举办大学生科学文化艺术节。自2002年开始，每年3—6月，学校都会举办大学生科学文化艺术节，集中开展科技竞赛类、论坛展览类、文娱文化类、社团活动类共20余项科技文化活动。二是举办大学生社团文化节。学校建有“国学诵读协会”“演讲与口才协会”“涛声书画社”“五月风文学社”“兰韵戏曲社”等30余个人文素质教育类学生社团。设立大学生社团文化节，于每年的9—12月举行。社团文化节的宗旨是打造精品社团、宣扬多彩文化、构建和谐校园。三是推进学生职业素质提升工程。2007年，学校在全体学生中实施了学生职业素质提升工程，是学校积极深入推进素质教育，不断探索高职人才培养模式的重要举措。四是强化学生人文素质类竞赛。涵盖传统文化、科技创新、专业技能等多个方面，培育了一大批优质竞赛项目。五是开展志愿服务及社会实践。2008年3月5日，学校创设了“爱心银行”，并以此为契机，逐步加强了青年志愿者的制度化、规范化、项目化建设。2009年，学校对大学生社会实践工作进行系统的设计和优化。六是办好师生艺术团。为全面丰富全校师生的文化生活，学校分别成立了教工“金星艺术团”和学生“银星艺术团”。学生“银星艺术团”每年至少承接4场高雅艺术进校园活动，所培育的项目在浙江省大学生艺术展演及文化艺术节上多次获奖。

5. 全方位互动，整合人文素质教育资源

一是整合教师资源。在学生人文素质教育的教学与实践中，学校整合了社科部、人文艺术系、学生处、各系分管学生工作书记、团委、辅导员、班主任等与学生素质教育工作相关的教师资源，统一协调全校学生的素质教育工作。每学期开学之初即召开院务会议，统一确立本学期教育的目标、任务，确定各部门及相关教育工作者应承担的具体责任，学期中间则根据实际需要召开院务委员会。在目标统一和工作紧密协作的基础上，全体素质教育工作者群策群力，形成了教育的合力。

二是整合经费资源。为了更好地满足开展各项人文素质教育工作的需要，学校每年都会划拨用于课程建设、师资队伍建设、学生创新创业教育、素质拓展竞赛培育、学生心理健康教育、思政与第二课堂、大型活动、学生社团建设、学生骨干培养等方面的专项经费，确保了人文素质教育的高效开展。尤其是2013年以来，学校每年投入100万元的专项经费，专门用于人文素质类的品牌项目培育。

三是整合基地（场所）资源。2007年3月，作为学校示范性建设的特色项目，学校投入200余万元，高标准建成了金融职业素质养成基地，其中，占地面积近1000平方米的“学生社团村”成了全校所有学生社团的办公和活动集聚地，使

得学生社团的活动空间大大拓展，育人实效更加明显。学校独具特色的货币博览馆和金融票据馆则是学生接受金融文化熏陶的重要场所。2007年，学校院在淳安县瑶山乡幸福村建立了学生社会实践基地“幸福学院”。同时还在省内外建立了近20个学生志愿服务和社会实践基地，每年都会派出1000余名学生分赴各基地开展社会实践和志愿服务工作。

### （三）取得的成效

1. 多年探索，形成了人文素质教育系列教学与研究成果

教学成果：“基于‘明理学院’平台的高职学生人文素质提升模式研究与实践”荣获浙江省2014年度教学成果二等奖，同时荣获教育部职业院校文化素质教育指导委员会第一届全国职业院校文化素质教育教学成果一等奖。“基于‘明理学院’平台的高职学生素质提升模式构建”获2009年浙江省新世纪高等教育教学改革项目立项。“‘学习生活指导’课程开发与实践”荣获浙江省2009年度教学成果二等奖。3门课程被评为浙江省精品课程，7门课程被评为校级精品课。

研究成果：2014—2019年，11项课题获教育部人文社科规划课题立项，2项课题获全国教育科学规划课题立项；主持浙江省哲学社会科学规划课题3项，主持厅局级课题19项；出版8部著作，以及《明理人生通论》《大学生诚信文化理论与实践》《学习生活指导》《职业生涯规划与发展》《职业发展与就业指导》等多部教材；在《中国高教研究》《高等教育研究》和《中国高等教育》等核心刊物发表素质教育类论文近100篇。

2. 受益学生面不断扩大

自人文素质教育机构明理学院成立以来，通过明理学院教育和考核合格的学生已累计3万余人，其影响辐射的学生已达到5万人。目前，学生良好的行为习惯已逐渐养成，优良的学风已逐渐形成。人文素质类竞赛中，学生的参与度和获奖率、获奖层次逐年提升。2012年以来，学校学生参与各类校外人文素质类竞赛的项目数以及获得省级一等奖以上的奖项数均以每年50%的速度递增；2015—2019年，在浙江省高校辩论赛、浙江省汉语口语大赛、浙江省职业生涯规划大赛等竞赛中，学校学生多次获得一等奖。

### （四）创新点及推广价值

1. 创新点

加强学生人文素质教育，重视品德培养和良好行为习惯的养成，关怀学生的

全面和可持续发展，体现了高等学校的育人规律要求。明理教育从在校大学生实际情况出发，不仅符合教育规律，而且彰显了高职院校的使命是培养“人”而不是“工具”。

第一，首创高职院校人文素质教育的新机制。设立了校级素质教育管理机构——明理学院，这在全国高职院校中是首创。明理学院由学校党委书记担任院务委员会主任，整合全校力量重点加强一年级学生的素质教育，这在全国高职院校中也是开风气之先。开设人文素质教育的课程门类之多、课时数量之多和经费投入之多，在全国高职院校中也是少有的。

第二，确立了明理教育的具体目标。明确提出了“明法理、明德理、明事理、明学理、明情理”的明理教育目标，切实体现了“教育为本，德育为先”的育人原则。

第三，构建了科学合理的明理教育体系。一方面，构建了明理课程体系，通过思想政治理论课、人文素质必修课、公共基础选修课等课程教学，使“明理”的理念走进学生心田，进入学生头脑，真正提高了育人效果。另一方面，构建了明理实践体系，通过开展多层次的明理讲堂等系列教育活动，组织诸如青年志愿者、文明礼貌讲座、感恩主题活动等多样化的明理实践活动，注重明理教育理念的践行，引导学生养成良好的行为习惯，提升道德修养。

第四，不断完善课程体系。通过多年实践，初步形成了一门通识课程（“明理人生通论”）、两门必修课程（“心理健康教育指导”“职业生涯规划指导”）和两门选修课程（“诚信文化理论与实践”“学习生活指导”）组成的课程体系。

2. 推广价值

人文素质教育示范与辐射效应不断彰显。学校近 5 年举办了全国高职院校文化育人与可持续发展论坛等全国文化素质教育类论坛、会议 20 场，共吸引全国高职院校及本科院校近 600 所、逾 3000 人次参加研讨；学校出版的人文素质教育类校本教材发行量近 16 万册；近年来，学校有关领导与教师参与并在国际、全国文化素质教育类会议上发言逾 100 场次，形成了较强的社会影响力与品牌效应；近年来，针对人文素质教育的经验与成果，学校共接待来自全国 500 余所院校的参观、考察，接待规模 2000 余人次；学校货币博览馆 2014—2019 年的接待规模达 5 万余人次。

### (五)经验总结

第一，人文素质教育需要学校主要领导亲自践行，相关职能部门协同创新，才能保证顶层设计理念的有效、全面落地。浙江金融职业学院领导十分重视加

强大学生人文素质教育的重要意义，明确了指导思想，要求全校师生从培养全面发展的高素质人才和主动适应社会发展新要求的高度，认识和理解人文素质教育的重要性，确立了大学生人文素质教育的指导思想地位，为学校的人文素质教育工作指明了具体方向。同时，学校成立了以校长为组长、主管学生工作和主管教学工作的校领导为副组长，党院办、教务处、团委、学生处、人事处、基建后勤处、计划财务处、资产设备处等部门负责人为成员的人文素质教育领导小组，根据学校实际，全面规划和协调大学生人文素质教育，对不同学科专业，分别提出要求，分步实施，分类指导，充分调动各方面的积极性，坚持不懈，真抓实干，注重实效。

第二，人文素质教育需要聚焦学生核心素质，第一、第二、第三课堂有机衔接，方能形成全校"浸润式"人文素质教育生态。财经商贸类专业学生应具备的职业核心素质为"有效沟通、服务他人、主动聆听、自主学习、营销与谈判"，人文素质教育需聚焦学生的职业核心素质，通过教学计划的设置、教学内容和课程体系以及教学方法的改革、教学过程和校园文化活动的整体优化，提升学生的素质和可持续发展能力。同时，要坚持以社会主义核心价值观为引领，切实把培养人文知识厚实、能力强、素质高，具有人文精神、创新精神和实践能力的学子作为教育目标，贯彻"知行合一"理念，开展有针对性的社会实践和活动。

第三，人文素质教育需要探索高职教育规律，教改、科研联动推进，方可凝练系统成果，形成可供同行借鉴的参考文本和实践经验。一是遵循施教和受教规律，深化人文素质教育教学模式改革。人文素质教育教学要从单纯追求建立完整的技能结构转向构建全面的知识、素质、能力结构，从注重教师传递知识转向突出学生主体地位，灵活运用多种教学方法和手段，创新素质教育的实践和活动，创设情境，增加体验，探索规律，提高学生学习能力和实践能力。二是开展人文素质教育系统研究，形成包括专著、论文、科研课题在内的系列研究成果，并以科研反哺教学，形成科研与教学工作之间的良性互动。三是开展人文素质类课程与教材的校本开发，在推进学生人文素质教育的同时，深植校园文化之根。

## 第三节　高职院校思想政治教育载体创新实践案例之文明寝室建设

习近平总书记指出，"思想政治工作从根本上说是做人的工作，必须围绕学

生、关照学生、服务学生”①。学生有近三分之二的时间在学生寝室和社区度过，要做到“围绕学生、关照学生、服务学生”，就要求我们将寝室和社区作为学生德育工作的重要阵地。结合高职院校的高等教育属性和职业教育特点，以习近平总书记在全国高校思想政治工作会议上的讲话精神为指导，树立德育生活化理念，扎实推进学生文明寝室建设，是将德育工作落细、落小、落实，以及构建文明寝室建设长效机制的重要途径。

## 一、德育生活化的育人理念

### (一)立德树人是高等职业教育的根本任务

“立德树人是教育的根本任务。”②立德树人是党和国家关于教育方针的本质要求。“立德树人，即教育事业不仅要传授知识、培养能力，还要把社会主义核心价值体系融入国民教育体系之中，引导学生树立正确的世界观、人生观、价值观、荣辱观。”“立德即树立德业，树人即培养人才。教育的核心和灵魂是德育，教育的根本目的是育德。”③就党和国家对教育的要求而言，“立德”主要解决的是为谁培养人的问题，“树人”主要解决的是培养什么人的问题；就学生成长、成人、成才而言，“立德”主要解决的是“德”的问题，“树人”主要解决的是“才”的问题，是人才培养的核心理念。

高等职业教育承担着培育具有良好的思想道德品质、法律法规意识、人格心理素质的高素质技术技能型人才的重要使命，只有坚持以立德树人为根本，以德育引领学生的智育、体育、美育，方能完成这一使命。具体而言，高等职业教育当“立”“勤学、修德、明辨、笃实”之“德”，“树”高素质劳动者和高技能之“人”。

### (二)坚持德育生活化的育人理念

坚持立德树人，既需要科学的理念，也需要寻找实践路径，将之落到实处。“课堂里可以提供对待正确事物的认识态度，但它不是一个培养德行的好场所。”④德育生活化是培养德行的“好场所”，是立德树人的实践路径之一。陶行

① 习近平在全国高校思想政治工作会议上强调：把思想政治工作贯穿教育教学全过程，开创我国高等教育事业发展新局面[N].人民日报，2016-12-09.

② 胡锦涛.坚定不移沿着中国特色社会主义道路前进 为全面建成小康社会而奋斗：在中国共产党第十八次全国代表大会上的报告[N].光明日报，2012-11-18.

③ 方晓珍.高校“立德树人”的理论指导与实践路径[J].思想理论教育导刊，2013(7)：94-98.

④ 约翰·S.布鲁贝克.高等教育哲学[M].王承绪，等译.杭州：浙江教育出版社，2002：86.

知提出了“生活教育”理论，同样，德育应该通过融入生活以摆脱人们对其空洞无用的刻板印象而彰显活力。没有脱离生活的纯粹的道德，学生的道德源于他们的日常生活，源于他们的社会实践，形成于他们对生活的体验和感悟。“所谓德育生活化，其核心的理念是‘将生活作为德育的载体’，让德育源于生活，回归生活，利于生活。”①强调德育生活化，一是因为道德是生活的构成要素，蕴含在生活之中，又无处不在。“道德是生活的构成性因素。说道德是生活的构成性因素，也就意味着没有道德人就无法生活，或者说没有道德的生活也就不再是人的生活。”②同时，“生活具有劳作性、主体间性、整体性和意义建构性，在生活这些特征中，道德虽然是蕴含性的，又是无处不在的”③。二是因为生活是德育发生的场所和源泉，德育来源于生活又高于生活。真实有效的德育必须在生活中进行，脱离了生活的德育是无本之源、无根之木。德育生活化的育人理念是贴近学生、贴近实际、贴近生活的德育工作理念，高职院校应以德育生活化理念指导学校的育人工作。

## 二、文明寝室建设是高职院校学生德育生活化的重要载体之一

寝室是学生生活、学习、社交的重要场所。随着学校的扩招，学生人数的增加和学生教室的高效使用，学生固定教室的概念逐渐淡化；多数高校的生活区和校园相对分隔，存在一定的空间距离；网络的普及，使得在寝室便可以获得大量的学习、生活、工作资源以及网络休闲资源，学生的生活方式也随之发生改变，寝室在学生学习、生活中的重要性逐渐增强。学生进入高职院校，除了学习知识和技能，还有一项重要的任务，就是要学会做事、学会生活、学会与人相处。这些年龄相近、目标相似，活跃、聪明、富有同情心和进取意识的年轻人在一起，交流思想和观点，相互影响、相互学习，彼此成为朋友，为走向社会、适应社会做好心理、思想和社交的准备。以上因素客观上增加了学生在寝室的时间，延展了寝室的功能，进一步突出了寝室在育人工作中的重要性。

文明寝室建设是学生德育生活化的重要载体之一。“高校‘德育载体’，简而言之，就是高校借以实现德育的中介。”④在具体的学习、生活和工作中，学生所参与的或者能够影响学生的各类课程、活动、媒介、实践、培训等，均为德育的载

---

① 杨玉霜.高职院校德育生活化的有效路径探析[J].科教导刊，2016(1)：92-93.

② 高德胜.德育生活论[M].北京：人民出版社，2005：41.

③ 高德胜.德育生活论[M].北京：人民出版社，2005：48.

④ 张玉成，张富良.加强高校德育载体建设的新思考[J].辽宁教育研究，2003(7)：78-79.

体。德育生活化，需要从生活中挖掘开展德育工作的载体，使德育工作蕴含在生活中并以润物细无声的方式浸润身处其中的学生。学生在哪里，德育工作就应该在哪里开展，德育工作载体就应该在哪里选择。学生大量的时间和活动在寝室和社区，德育工作必然要走进寝室和社区，并且结合学生在寝室和社区的学习、工作、生活的状态，结合文明寝室建设活动而加强。

## 三、推进高职院校文明寝室长效机制建设

以德育生活化理念推进高职院校文明寝室长效机制建设，就是要研究不同年级学生成长规律，分年级、分主题加强教育引导；开展社区文化活动，丰富学生公寓生活体验；分季节构建网格化管理机制，开展服务育人工作。

### (一)分年级、分主题加强教育引导

高职学生在学校的时间是三年。我们既要看到，三年的时间是连续的，三年的教育是一个一脉相承的整体，但我们也应该注意到，每一年的主要任务和接受的重点教育是不相同的，抓住矛盾的主要方面，有利于我们做好德育工作。

一年级，应关注学生的入学适应问题，注重学习生活指导，加强学生的养成教育。一年级学生的主要任务是适应高中阶段教育向高职教育的过渡，了解大学生活和职业教育的特点和规律，养成良好的学习和生活习惯。在文明寝室建设过程中，要深入开展教师、党员、领导干部寝室结对活动，推动辅导员、班主任、党员、领导干部与学生的深入接触，解疑释惑，做好学生的学习生活指导。在活动开展中，要以军训为契机，做好寝室卫生的检查、评比等工作，举办寝室美化大赛、叠被子比赛等活动，使学生保持良好的卫生习惯。在同学相处方面，以寝室为单位组织情景剧大赛、寝室美化大赛等活动，增强寝室的凝聚力，促使学生学会学习、学会生活、学会相处、学会协作。

二年级，学生的主要任务是学习专业知识和技能，要加强专业指导；同时，二年级也是开展学生思想政治教育工作的重要时期，要加强学生的理想信念教育。在文明寝室建设过程中，既要注重引导专业教师走进寝室，走近学生，做好专业指导工作，也要注重通过党校、团校、理论社团学习等形式，促使学生了解党的基本理论和基础知识，通过各类党团知识竞赛、理论征文、社会实践等活动，加强学生的理想信念教育。

三年级，学生的主要任务是就业和创业，要在进一步加强就业指导工作的同时加强学生的职业道德教育。在文明寝室建设过程中，要组织开展“校友话就业”、“校友话创业”、简历制作大赛、模拟招聘等活动，进一步做好就业创业指导；

举办职业技能大赛、“校友话人生”、“企业眼中的好员工”、“初入职场之顶岗实习经验交流会”等活动，提升学生的职业技能，做好职业道德教育。

### (二)开展社区文化活动，丰富学生公寓生活体验

作为校园文化重要组成部分的社区文化建设是十分重要和必要的。加强文化建设，寓教育于活动中是开展学生德育工作的重要方式之一，也是深受学生喜爱的德育生活化的方式。一般而言，学生社区文化活动有着季节性的规律，我们可以大致按照时间、事件的不同，开展有针对性的社区文化活动。

9月，是新生报到、始业教育季，是新生的适应期，此时做好学生的德育工作有着事半功倍的效果。首先，通过细致周到的迎新生工作，让新生来到学校感到安心、舒心，让家长将孩子送到学校感到放心、宽心，进而增强学生的认同感，缩短学生的适应时间。其次，始业教育及军训是高等学校人才培养工作的重要组成部分，是新生熟悉环境、了解大学生活的重要环节。在具体的工作中，要组织开展文明行为规范教育、校情校史教育、专业认知教育、生活指导与生涯教育，将始业教育与文明寝室建设工作相结合，促进学生良好的学习与生活习惯的养成，推进良好的校风、系风、班风和寝室风气的形成。

10—12月和次年的3—5月，是学生平稳的成长季，也是教育的黄金期。在文明寝室建设中，可以组织开展“社区邻居节”、“社区文化节”系列活动，让学生在活动中丰富公寓生活体验，在体验中成长为“有道德的人”。

5—6月，栀子花开，是毕业生离校的季节，也是加强学生感恩教育的最佳时期。学校可以组织开展以“文明离校，感恩母校，启航远行，品质校友”为主题的毕业生系列教育活动。班主任和辅导员应深入寝室关心毕业生就业去向，继续做好就业指导工作；了解并帮助解决学生的困难，继续关心学生成长；了解学生的离校情况、顶岗实习情况，做好职业道德教育。引导学生自治组织开展“毕业生留给学弟学妹的一封信”活动，做好朋辈育人工作；还可以组织开展“将整洁留在寝室，将文明带上岗位”活动，动员毕业生在离校前开展宿舍大扫除，留给学弟学妹一间干净整洁的寝室。

### (三)分季节构建网格化管理机制，做好服务育人工作

富有生命力的德育工作，贴近学生学习、贴近学生生活、贴近学生实际。德育生活化的任务之一，是在满足学生的合理诉求中，在服务学生学习生活的过程中做好德育工作。具体到文明寝室建设，一是开辟文化场馆，优化生活设施，做好生活服务，促进学生健康成长。例如，在学生公寓设立瑜伽室、书法活动室等

学生活动场地，组织开展毅行、防艾宣传、卫生与救护技能培训等活动。二是推动教师深入寝室，了解学生所思所想，解决学生在寝室的学习和生活中存在的具体困难和思想困惑，做好思想教育，培育和践行社会主义核心价值观。具体工作可以通过加强党团组织进社区工作，组织开展学生党员公寓挂牌，组织开展标兵楼、优秀驻公寓辅导员、文明寝室、优秀宿管员、优秀社区学生干部、社区服务之星等各类评比活动，宣传身边的人和身边的事，发挥好模范带头作用。三是关注学生的行为，加强行为指导，促进学生形成良好的文明习惯。做好寝室卫生检查、督查工作，做好食品安全教育以及传染病防治相关知识的宣传教育，为学生健康文明生活创造良好的环境。四是开展格调高雅的文化活动，注重文化熏陶，将寝室文化纳入校园文化的总体格局中建设，在寝室文化建设中结合学校专业特点、职业特色加强职业道德教育。五是加强教育管理，守牢安全稳定底线。学生的安全稳定直接涉及学生和家长的切身利益，直接影响着学校的教学秩序以及社会声望。由于学生在社区的时间多于在教学区的时间，加之在教学区负责教育教学工作的教师明显比生活区要多，使得社区的安全稳定隐患要明显多于教学区。加强文明寝室建设，做好学生寝室的安全稳定工作，是德育生活化有序开展的重要保障。学生社区的安全稳定工作，具体要做到：加强学生寝室设施设备的检查、维修、维护以及消防监控管理，做好“物防”工作；加强学生社区门卫值班、保安巡查、管理人员值班、辅导员驻寝室等管理，做好“人防”工作；安装并科学使用监控设施、摄像探头、人脸识别等智能设备，做好“技防”工作。同时，还要做好大功率电器、违规电器的检查、收缴、处置工作，做好学生安全用电的教育工作，减少消防隐患；完善学生社区全天候的值班制度和辅导员驻公寓走访学生寝室制度，发挥学生自律委员会等社区自治组织的作用，做好学生住宿的考勤检查工作，查处无故晚归或不归学生；加强安全稳定的制度建设以及校规校纪的宣传教育，组织开展安全知识、消防知识、心理知识培训，进一步规范学生行为。

“在人的存在和生成中（以人的年龄、教养和素质差别区分），教育环境不可或缺，因为这种环境能够影响一个人一生的价值定向和爱的方式的生成。”①将寝室和社区作为重要的教育环境，将德育扎根于学生寝室和社区，寓于学生活动，融于生活实践，在德育生活化的理念下，开展文明寝室建设并形成长效机制，是高职院校做好人才培养工作的重要途径。

---

① 雅斯贝尔斯. 什么是教育[M]. 邹进，译. 北京：生活·读书·新知三联书店，1991：48.

# 第八章

## 加强队伍建设,促进育人水平提升

在全国高校思想政治工作会议上，习近平总书记指出："教师是人类灵魂的工程师，承担着神圣使命。传道者自己首先要明道、信道。高校教师要坚持教育者先受教育，努力成为先进思想文化的传播者、党执政的坚定支持者，更好担起学生健康成长指导者和引路人的责任。要加强师德师风建设，坚持教书和育人相统一，坚持言传和身教相统一，坚持潜心问道和关注社会相统一，坚持学术自由和学术规范相统一，引导广大教师以德立身、以德立学、以德施教。"[①]高校的思想政治教育工作，没有局外人，也没有局外事，全体教师都是思想政治教育工作者，所有的课程都应承载着思政育人功能，所有的工作都应围绕思政育人这个核心任务展开。

## 第一节　教师队伍建设

2014 年第 30 个教师节前夕，习近平总书记考察北京师范大学时发表重要讲话，勉励广大师生做有理想信念、有道德情操、有扎实学识、有仁爱之心的"四有"好老师。在习近平新时代中国特色社会主义思想的指导下，作为人民教师，对标"四有"好老师的标准，我们该如何落实立德树人根本任务？如何真正做到以德立身、以德立学、以德施教、以德育人？这是全体教师都应思考的问题。

### 一、高职院校教师的德育担当

对于高职院校而言，教师道德赋予高职教育的内涵是深刻而全面的，既是高职院校区别于其他社会机构的外在形式，也是高职院校的一种组织文化和精神寄托。为保障高职教育人才培养质量，应将教师道德担当作为高职院校教师队伍建设中反思的关键问题，在实践中更加重视培育教师的德育担当。

#### （一）以职业自信增强职业教育使命感

任何一个社会职业都有其独特的道德准则和行为规范，从公众的角度看，教师职业道德在一定程度上是为了维护公众对教育的信心，这使得原本主观的或个人化的师德正在走向客观化。师德是立教之魂。尽管当今社会对高职院校及

---

① 习近平在全国高校思想政治工作会议上强调：把思想政治工作贯穿教育教学全过程，开创我国高等教育事业发展新局面[N]. 人民日报，2016-12-09.

其教师的认可度还不是很理想，但是高职院校师德建设的要求却丝毫不应降低，它应该成为促使高职院校教师提升道德修养的压力和动力。增强职业教育使命感是高职院校教师确立职业自信的着力点。

### （二）以育人自觉引领青年学生成长

教师的工作对象是有血有肉、有情感、有意识的人。引领教育发展的是活生生的教师个体，教师应将这种角色承担的责任转化为个人的职责。教师是对学生最有影响力的人，热爱学生是教师所特有的职业情感和道德义务，是良好师生关系建立和发展的坚定基础。爱生乃为师之本，即以学生发展为本，落实“关爱学生进步、关注学生困难、关心学生就业”的教育服务体系。培养学生的职业兴趣，激发学生的创造性，提高学生的就业能力、创业能力、观察能力、组织能力、交往能力和终身学习能力，促进学生学有所长，全面发展。与其他类型教育的教师相比，高职院校教师要将自己的知识和能力转化为学生的知识和能力，必须更加讲究教学方法，把握育人规律，把培育和践行社会主义核心价值观贯穿到教育教学的全过程，处处育人、时时育人，引导和帮助青年学生把握好人生方向。

### （三）以道德自律提升自身师德修养

美国教育家内尔·诺丁斯(Nel Noddings)指出，关于道德教育，在两个意义上使用这个词：其一，教育人们使之成为有道德的人；其二，提供一个经得起道德检验的教育。道德教育不仅是指集中于培养有德之人的一种特殊教育形式，它也指任何一种在目的、政策和方法上合乎道德的教育。职业道德具有约束性，提升教师职业道德既需要教师自觉修养，也离不开制度约束和氛围营造。2011 年 12 月，教育部、中国教科文卫体工会全国委员会发布《高等学校教师职业道德规范》，从倡导性的道德理想、规范性的道德原则和禁止性的道德准则三个层面，将高等学校教师职业道德归纳为爱国守法、敬业爱生、教书育人、严谨治学、服务社会、为人师表等六项内容。2014 年 9 月，教育部发布《关于建立健全高校师德建设长效机制的意见》，强调坚持以社会主义核心价值观引领高校师德建设，遵循高校师德建设规律，着眼长远，将高校师德建设全面推向规范化、制度化、法制化轨道。

## 二、浙江金融职业学院教师队伍建设的实践

### (一)以角色定位、道德担当与职业实践为基础的教师职业发展理念

1. 角色定位是教师职业发展的重要前提

角色理论强调人的行为的社会影响方面,而不是心理方面,认为人既是社会的产物,又能对社会做出贡献。教育作为人类一项最复杂的社会实践,个中的艰辛、愉悦和精神感召只有教师知道。针对教师职业发展,学校把教师作为一个富有活力的发展主体来看待,强调教师发现自己周围场景"教育意义"的敏感性。在遵循高职教育办学规律和教师发展规律的基础上,与行业、企业共建"双师型"教师培养培训基地,设立"双师"教师工作室、名师工作室等,落实教师企业实践制度,改善"双师"教师工作环境,激励教师自主提升"双师"素质。对脱产参加挂职锻炼的教师全额发放相关津贴,对利用假期参加社会实践的教师给予相应补贴,对积极到行业、企业生产、管理、服务一线参加实践并取得较好效果的教师和经过自己努力取得与行业接轨的中级及以上资格证书的教师,在给予一定物质奖励的同时,对其申报课题、晋升职称、评优等均予以优先考虑。通过协调各种可能的和现实的因素,综合考量教师职业发展内在轨迹及外在影响,给教师带来自我生命活力的体验和职业满足感,进而增强对教师职业更为内在和执着的热爱之情,培养教师从事职业教育的荣誉感和责任感。

2. 道德担当是教师职业发展的重要保障

但丁说过,道德往往能补知识的不足,但知识永远补不了道德的空白。教师是推动教育改革的主力,因为他们的素质、参与的活动以及产生的力量极大地左右着教育改革。诚如马克斯・韦伯所言:"无论什么事情,如果不能怀着热情去做,那么对于人来说,都是不值得做的事情。"就教师的道德发展而言,自我意识起着重要作用,它意味着人不仅能把握自己和外部世界的关系,而且能把自身的发展当作自己认识的对象和自觉实践的对象,能构建自己的内部世界。只有达到了这一水平,人才在完全意义上成为自由发展的主体。在《高等学校教师职业道德规范》颁布前,学校就制定实施了《师德师风提升工程实施意见》。在建设国家示范性高职院校过程中,学校实施了"青蓝工程",着力提升青年教师的职业道德素质和教学业务能力,并在此基础上创新实施"五星级青年教师"评选活动和新进校工作辅导员"青蓝工程",开展了教师学历、职称、职业教育教学和科研能力等提升项目。这些举措为教师的职业发展营造了良好的内部环境,有利于消

除职业倦怠现象，实现教师的自主发展与绩效评价的良性互动。

3. 职业实践是教师职业发展的重要载体

教师的职业成长和发展，关键在于实践性知识的不断丰富，教师在以“参与”“反思”为主要特征的行动研究中不断获得对实践的反思能力。加强职业院校教师的职业实践，不仅要重视课程、课堂的活动或者言教，更要重视实践的身教和养成。在教学和育人过程中，把专业理论与职业实践相结合、职业教育理论与教育实践相结合；遵循职业教育规律和技术技能人才成长规律，不断提高教育教学能力、科研能力、职业能力、社会服务能力及管理能力；坚持在实践中反思，在反思中实践，实现理论教学能力和技能教学能力双向提高。在此基础上，积极参加实践锻炼，了解产业发展、行业需求和职业岗位变化，具备企业经历。坚持实践导向，结合专业教学，主动带着课题到行业和企业中开展调查研究和学习进修，并利用自身优势及学院的有利条件开展校企合作，为行业、企业提供技术和咨询服务。

### （二）多层次、立体化的教师职业发展支持与保障机制

关于教师职业发展，有研究者指出：“虽然经验式的发展是必要且有价值的，但如果缺乏理性、系统的指引，把大学教师的发展视为从经验到经验的简单生长，则是远远不够的。”[①]学院确立教师办学主体地位，将教师职业发展作为内涵建设的重要组成部分，以提高素质、优化结构为重点，从规划、投入、管理、考核、激励等各个环节构建多层次、立体化的教师职业发展机制，并通过顶层设计、工程推动、项目引领、梯次培养和长效机制等举措加以整体推进。

1. 顶层设计：《教师职业发展指引》

为促进高职院校教师职业发展，建设高素质教师队伍，根据国家和浙江省相关文件精神，学校于 2014 年初制定并实施《教师职业发展指引》，并将其作为指导教师职业发展的重要制度文件。《教师职业发展指引》围绕教师职业发展中的 11 个重要领域即职业意识、职业态度、职业修养、教学规律理解与把握能力、通识教育能力、专业教学能力、课堂教学能力、教育教学与科学研究能力、实践育人能力、技术服务与实践能力和可持续发展能力等方面存在的主要问题，有针对性地提出 50 条具体的培养要求。《教师职业发展指引》是教师开展教育教学活动的基本规范，是引领教师专业发展的基本准则，也是高职院校教师聘任、在岗培训、职业能力考核等工作的基本原则和依据。教师将其作为自身专业发展的基

① 转引自：周建松. 高水平高职院校建设导引[M]. 杭州：浙江工商大学出版社，2018：183-184.

本依据，制定个人专业发展规划，增强职业发展自觉性，这些都为教师多层次、立体化的职业发展提供了指南。

2. 工程推动："教师千万培养"工程

为提高教师职业发展的针对性和实效性，学院以提高素质、优化结构、增加数量为重点，从 2010 年开始实施"教师千万培养"工程。

"教师千万培养"工程中的"千万"有两层含义：一是指"说一千，道一万，教师培养最重要，必须重视"；二是指在学校每年的预算中拨 1000 万元左右经费用于教师素质培养和能力提升，必须投入。"教师千万培养"工程从规划、投入、管理、考核、激励等各个环节引导教师结合高等职业教育特点树立科学的职业发展观，加强教师专业发展的制度建设，制定高职院校教师准入标准，严把教师入口关；制定高职院校教师聘任、考核、退出等管理制度，保障教师合法权益，形成科学有效的教师队伍管理和督导机制；完善教师培养培训方案，科学设置教师教育课程，改革教育教学方式；重视教师职业道德教育，重视职业实践、社会实践和教育实习；建立教师专业发展质量反馈与评价制度，探索量化考评机制，动态管理教师专业发展工作。

3. 项目引领：教师职业发展"十大计划"

2014 年，教育部等六部委颁布的《现代职业教育体系建设规划（2014—2020 年）》提出：职业院校新增教师编制主要用于引进有实践经验的专业教师，到 2020 年，有实践经验的专兼职教师占专业教师总数的比例达到 60%以上。根据以上特点和要求，学院整合师资队伍建设项目，启动"十大计划"对接立体化教师培养，以项目为载体，切实增强培养实效，并作为各类人才工程考核的重要依据。"十大计划"即师德教风提升计划、"金晖学者"（学科学术带头人）培养计划、专业带头人提升计划、教学科研与育人团队培养计划、"金星闪光"（中青年骨干教师）培养计划、博士培养计划、"双师"培养计划、教师信息素养提升计划、教师国际素养提升计划、青年教师助讲（"青蓝工程"）培养计划。"十大计划"均以项目为载体，涵盖全院各类型、各层次教师职业发展。学院倡导教师要具备企业经历、学工履历和博士学历，积极参与企业技术开发应用、产品研发和社会服务，参加出国进修学习、国内进修访学、访问工程师项目，而这些都依赖于分类项目的支持，用以促进教师增强职业化意识、拓展国际化视野、提升信息化能力。学校要求各系部和职能部门规范各类项目经费使用，充分发挥经费使用效益，积极申报浙江省财政师资专项经费，确保教师职业发展财政投入的可持续性，并共同做好项目的管理服务、中期检查和考核验收工作。

4. 梯次培养:"自培—系培—校培—省培—国培"体系

为调动教师尤其是青年教师参与培训的自觉性和积极性,在充分了解教师关切的基础上,学校按照组织程序与责任分工,自下而上建立"自培—系培—校培—省培—国培"梯次培养体系。一是以三年为一个周期,在全体教师中开展实施自培。教师对照自身实际和要求,制定个人职业发展规划,积极主动参加教师培训和自主研修,建立职业发展档案并进行自我评价,逐步提升职业发展能力。二是结合系部和学校实际,完善校本培训制度和管理规范,根据现有师资情况,制订教师培养计划,统筹安排校本培训内容,建立普惠全校教师的校本培训体系。三是按照国家、浙江省相关文件精神,组织专业骨干教师参加国家级和省级的专业、学科培训,提升专业和学术水平,引领教师职业发展。通过这种学院统筹、系部管理、自我提升的分级培养与递进培养体系,形成个人与组织的协同,使个人价值与集体价值有机融合,实现人才资源的最佳配置与效能发挥,使教师职业发展理念深入人心。

5. 长效机制:构建科学的高职教师职业发展观

学院着眼于构建科学的高职教师职业发展长效机制,注重人文关怀,使个人价值与集体价值有机融合。一是树立科学的教师职业发展数量观和质量观,建立教师专业发展质量反馈与评价制度,探索量化考评机制,动态管理教师专业发展;建立教学、科研与社会服务等评价机制,使教学、科研与社会服务都受到重视,给予同等的经济报酬和价值认可。二是由学院创设条件和投入经费,职能部门协同系部落实教师培养与素质提升工作,强化对系部师资管理的培训与服务,建立比较完善的教师专业发展培训制度。发挥教学名师、高职称教师、行业专家等在新教师和青年教师培养过程中的作用,提升教师水平。加强教师专业发展的制度建设,制定教师聘任(聘用)、考核、退出等管理制度,保障教师合法权益,形成科学有效的教师队伍管理和督导机制。三是完善院系分级管理制度,加强管理的实效性,建立健全新入职教师岗前培训制度和每三年一个完整周期的全员培训制度,形成人才梯队建设总体均衡和良性循环局面。与此同时,在促进教师职业发展过程中,依照 2014 年国务院颁布的《事业单位人事管理条例》,建立教师培养质量反馈与评价制度,加强对实施绩效工资后新情况的研究,探索量化考评机制,着力增强绩效工资制度的激励作用,动态管理教师职业发展。

## 第二节　辅导员、班主任队伍建设

辅导员、班主任是高等学校教师队伍的重要组成部分，是高等学校从事思想政治教育工作、开展大学生思想政治教育的骨干力量，是大学生健康成长的指导者和引路人。加强辅导员、班主任队伍建设，是做好大学生思想政治教育工作和维护高校稳定的重要组织保障和长效机制。

### 一、加强辅导员队伍建设

#### （一）明晰辅导员的工作职责，以职责促进辅导员的专业化和职业化

工作职责是对于辅导员应做事情的规定，既是辅导员有充沛的精力投入大学生思想政治教育工作的保障，也是促进辅导员工作专业化和职业化的重要途径。虽然教育部24号令（《普通高等学校辅导员队伍建设规定》）明确了辅导员的工作职责，但是各个高职院校还有自己的特点和具体的要求，应根据教育部24号令的要求，结合各校实际情况确定本校的辅导员工作职责。例如，浙江金融职业学院明确规定，辅导员在学工部指导下，在各系党总支领导下开展工作，其具体工作职责为：①负责掌握学生思想动态，了解学生在成长成才中的需求；②负责学生思想政治教育、学生日常管理、家校联系档案建立、家校联系以及学生管理资料寄送等工作；③负责学生奖惩及帮困助学等工作；④负责学生党建、团建工作；⑤负责指导学生活动的开展和指导系级学生社团工作；⑥负责学生公寓的管理和文化建设等工作；⑦负责学生的入学教育、军训、劳动及毕业教育等工作；⑧配合班主任做好班级学风建设、指导学生学业、引导学习困难学生等工作；⑨配合班主任做好学生班、团干部的选拔和培养工作；⑩负责完成相关部门（系）具体布置的工作。

#### （二）完善辅导员工作机制，以机制保障辅导员的专业化和职业化

首先，明确辅导员队伍建设的总体要求。学校规定：①辅导员主要由两类人员组成：一是专门从事学生教育管理工作的辅导员（包括学生公寓管理员），称之为专职辅导员；二是聘请教学或管理岗位的教师或干部集中2～3年时间专职从事学生教育管理工作的辅导员。班主任是指聘任教师干部承担指导学生专业学习、解决学生思想问题、帮助学生成长成才等工作的人员。②学生管理将进一步

推行“辅导员＋班主任”管理机制。各系按照学生数配备一定数量的辅导员(比例为200∶1),同时每个班级聘任一名教师或干部担任班主任。③教师要积极承担班主任、辅导员等学生工作。50岁以下的专职教师在担任每一专业技术职务时均需做3年班主任或者2年辅导员工作并合格,不符合本条件者不得晋升更高一级专业技术职务(含晋升教授)。总体要求明确了辅导员的身份、组成人员、配备比例、推行的“辅导员＋班主任”管理机制,以及专业技术职务晋升学工履历的要求。

其次,建立健全辅导员工作机制。学校规定:①青年教师是辅导员队伍建设的重要组成部分,青年教师进入学院工作后,一般在5年内应担任辅导员工作2～3年。青年教师在担任辅导员工作期间,按照辅导员管理,须承担辅导员的工作职责,同时享有辅导员相关待遇,并按照行政岗位考核。②担任辅导员的第一年,一般不承担教学主讲任务,按照有关规定,青年教师可承担助教任务。从事学生工作满一年后,辅导员兼课须经系党总支、学院学生处同意,由教务处审批,并按学院教师准入相关工作流程办理,专职辅导员每周一般不超过4课时,专任教师担任辅导员工作的,每周一般不超过6课时。③新任辅导员必须参加岗前培训并合格,新任专职辅导员实施“青蓝工程”结对培养,具体按照《浙江金融职业学院关于实施辅导员“青蓝工程”的若干意见》执行。④成立专职辅导员专业技术职务聘任委员会,具体负责本校专职辅导员思政系列专业技术职务聘任工作。⑤根据辅导员岗位基本职责、任职条件等要求,结合学校实际,制定辅导员评聘教师职务的具体条件,突出其从事学生工作的特点。辅导员评聘教师职务坚持工作实绩、科学研究能力和研究成果相结合的原则,对于中级以下职务应侧重考察工作实绩。⑥设立学生思想政治教育专项课题,鼓励、支持辅导员结合大学生思想政治教育的工作实践和思想政治教育学科的发展开展研究。⑦辅导员在系党总支领导下,具体开展本系学生工作。辅导员均须承担驻学生公寓的职责和工作,驻公寓辅导员不足时,也可适当聘请兼职辅导员驻学生公寓。⑧学工部主要负责辅导员的工作指导、业务培训和评比推优等,各系具体负责辅导员的管理与工作考核,辅导员驻学生公寓工作可由宿舍文明建设科协调各系进行考核。⑨专职辅导员工作满6年后,经考核良好者,可根据学院工作需要和本人条件情况继续担任辅导员或转至其他工作岗位。在职务晋升、干部选拔上,优先考虑具有丰富、出色的学生工作经验的教师。⑩专职辅导员工作满10年经考核称职且获得过学院优秀辅导员荣誉称号者,授予“金牌辅导员”荣誉称号,并在职务晋升、干部选拔上优先考虑。⑪专职辅导员工作满5年,经考核称职并正在担任辅导员工作者,享受校内副科级待遇;专职辅导员工作满10年,经考核称职并正

在担任辅导员工作者，享受校内正科级待遇。健全的工作机制为辅导员的专业化和职业化创造了条件。

## （三）创新载体，加强辅导员队伍建设

为加强辅导员队伍建设，学校搭建了六大平台以促进辅导员素质提升。

第一，搭建青年教师学工履历平台，配足配强辅导员。按照“专职为骨干，专兼结合，优势互补，动态平衡”的原则，配足、配强辅导员。学校规定：青年教师是辅导员队伍建设的重要组成部分，青年教师进入学院工作后，一般在5年内应担任辅导员工作2～3年；青年教师在担任辅导员工作期间，应按照辅导员管理，须承担辅导员的工作职责，同时享有辅导员相关待遇，并按照行政岗位考核。

第二，搭建辅导员行政发展平台，为辅导员个人发展创造条件。自2011年开始，学校要求每个系配备一名学工办主任（科级），为辅导员行政发展搭建了平台，使辅导员看到了职业发展的希望。

第三，搭建辅导员学习提高平台，加强学习型队伍建设。学校每年组织新上岗辅导员参加省教育厅组织的辅导员培训班，同时邀请校内外专家、教授、相关职能单位负责人进行培训讲座，提升辅导员职业素质。辅导员培训工作以增强辅导员的“三识”为目的，积极组织辅导员走出“三门”、开好“三会”、说好“三情”、出好“三集”、做好“一赛”、办好“一沙龙”等工作。增强“三识”即增强辅导员的知识、见识、胆识；走出“三门”即创造条件鼓励辅导员走出校门、走出省门、走出国（境）门；开好“三会”即做好暑期工作会议、工作例会、案例研讨会；说好“三情”即做好总支书记说系情、辅导员说学情、班主任说班情活动；出好“三集”即汇编出版辅导员案例集、论文集、“千日成长”工程育人成果集；做好“一赛”即组织辅导员职业技能大赛（截至目前，浙江省举办了4次辅导员职业技能大赛，浙江金融职业学院辅导员均积极参与，3次获得三等奖）；办好“一沙龙”即举办辅导员业务素质提升沙龙，为辅导员提升业务能力创造条件。

第四，搭建科研助推平台，鼓励辅导员开展基于工作的研究。学校将辅导员的科研纳入学校的科研工作规划之中，按一定比例设立大学生思想政治教育定向课题，已设立4年，每年10余项院级课题。鼓励辅导员申报省教育厅面向专职辅导员单列的100项大学生思想政治教育课题。鼓励辅导员申报各思政类别课题，已有1人成功申报浙江省哲学社会科学规划课题并结题。

第五，搭建辅导员青蓝结对平台，做好传帮带工作。学校积极实施辅导员“青蓝工程”，由有经验的老教师（多数是副处级、副教授以上干部）与辅导员结对。具有丰富学生工作经验和较高理论研究水平的专业人员作为导师，对年轻辅

导员在工作方法和理论研究方面进行“一对一”指导，促使青年辅导员学习工作方法，积累经验，提高工作能力和水平，逐渐形成老中青相结合的传帮带工作机制。

第六，搭建辅导员职业规划平台，鼓励专业化、职业化发展。2013 年，学校再次投入 8 万元改造辅导员寝室，为辅导员创造良好的学习、休息环境。在保障辅导员工作的基本条件的基础上，学院创造条件，分期、分批解决了辅导员的事业编制问题。鼓励辅导员承担“思想道德修养与法律基础”“形势与政策教育”“心理健康教育”以及就业指导、党课团课等相关课程的教学工作。

## 二、加强班主任队伍建设

### (一)实施班级工作班主任责任制

实施班级工作班主任责任制，具有十分重要的意义。

第一，落实“以生为本”的育人理念要求加强班级工作班主任责任制。班主任是高校教师队伍的重要组成部分，是开展大学生思想政治教育的骨干力量，是大学生的学业指导者和人生成长导师，也是大学生的良师益友和思想导师。实施班级工作班主任责任制，有利于落实“以生为本”的育人理念，有利于学生健康成长，有利于学生素质提升，有利于学生就业能力增强，有利于学生可持续发展。

第二，班主任是做好班级管理的关键。在思想政治教育中，班主任是班级的直接管理者，是思想政治教育活动的组织者；在安全稳定工作中，班主任是对学生进行安全稳定教育的责任人，负责掌握学生动态、了解学生需求、消除安全隐患；在日常学生管理中，班主任是一线教育工作者，是学生动态信息的主要提供者，是开展家校互动和提高学生就业竞争力的重要力量；在校友文化育人工作中，班主任是凝聚校友与母校情缘的重要纽带；在学风建设中，班主任是学生的引导者，对学生进行诚信教育、考风考纪教育，鼓励学生积极参与社会实践活动，提高学生创新意识。

第三，落实班级工作班主任责任制是构建科学的学生工作体系的内在要求。科学的学生工作体系是融教育、管理、服务和发展为一体，以学生发展为最终目标和归属的学生工作模式。班级工作班主任责任制是构建该体系的重要组成部分，是科学的学生工作体系的内在要求。

1. 明确班主任的任职条件及工作职责

第一，明确班主任的任职条件是落实班级工作班主任责任制的基本要求。班主任任职条件包括：坚持四项基本原则，忠诚于党的教育事业；为人师表，有较强的工作责任心，热爱学生，热心于班主任工作；有一定的学识水平、管理水平、

组织能力和社会活动能力；在学院工作1年以上的事业编制或者人事代理人员，有资格担任班主任工作；班主任优先从本科以上学历的专任教师中选拔，本院（系）担任班主任工作人员不足时，可由思政理论课教师及其他公共课教师、机关干部担任班主任。此外，鼓励教授、博士等高层次人才和专业主任、学院中层干部担任班主任。

第二，落实班级工作班主任责任制要坚持“以生为本”的理念。班主任贯彻“以生为本”理念就是要主动与所在院（系）、班级任课教师加强沟通，掌握学生动态；就是要深入学生、融入学生、了解学生、关心学生，更多地考虑学生个性，充分调动学生的积极性；就是要言传身教，通过格调高雅的育人活动，切实加强学生的文化知识学习和思想品德教育，不断提高学生的创新思维能力和社会实践能力，注重学生的全面发展和个性发展，将学生培养成为既能面向基层一线，又有可持续发展能力的高素质人才。

第三，落实班级工作班主任责任制，应进一步明确班主任的育人职责。班主任的育人职责包括：负责学生专业思想教育和学习方法指导工作；负责学生实习与就业指导工作，帮助学生落实毕业实习与就业岗位；负责指导班级活动，促进班风和学风建设；会同辅导员负责班干部、团干部的选拔和培养工作，做好学生日常教育管理和日常行为指导，做好奖惩及帮困助学等工作；配合辅导员做好学生公寓管理工作；负责完成院（系）领导布置的其他工作。

第四，落实班级工作班主任责任制，要做到六个“心中有数”、六个“至少”。在日常工作中，班主任要做到：对德智体全面发展的学生要心中有数，对学生党员干部的模范带头作用要心中有数，对完成学业有难度的学生要心中有数，对家庭经济有困难的学生要心中有数，对心理有障碍的学生要心中有数，对行为自律较差的学生要心中有数；每周至少坐班半天处理班级学生工作，每周早、晚自习至少深入学生教室一次，每两周至少深入学生宿舍一次，每周至少与学生进行一次谈心，每月至少主持或参加一次班会，每月至少进行一次学生综合状况分析。

第五，落实班级工作班主任责任制，要创新开展班级工作。创新是落实班级工作班主任责任制的灵魂。要鼓励班主任创新工作方式方法，发展学生的个性，拓展学生的创新思维，将创新教育贯穿于工作的始终，为学生营造一个良好的创新教育的氛围，让创新教育之花绚丽绽放。

2. 班主任选聘及管理

第一，做好班主任选聘工作是落实班级工作班主任责任制的基础。学校要求：每个班级设置一个班主任岗位，每位教师原则上担任两个班级的班主任，一经聘任原则上须带满一届学生；班主任选聘工作由学生处统一领导，各院（系）采

取组织推荐和公开招聘相结合的方式进行，经院（系）党政联席会议决定后报学生处、人事处备案。

第二，学生处主要负责班主任工作的指导、全校性业务培训和评比推优的组织初审工作，各院（系）具体负责班主任的管理、工作考核、工作培训、评比推优等工作。

3. 班主任工作考核及津贴

第一，科学的管理与考核工作是落实班级工作班主任责任制的重要保障。考核内容为班主任落实工作职责、六个“心中有数”、六个“至少”和创新工作情况。具体包括：思想政治素质、组织观念、敬业精神和工作态度，参加政治理论学习、业务培训、各类相关会议情况；深入学生、了解学生、关心学生情况；积极开展家校联系情况，及时与家长沟通学生在校学习、生活、奖惩情况；贯彻执行学院有关学生管理政策和规定情况，召开主题班会情况；班级的党、团组织建设情况，班级教育及活动开展情况，学生干部和骨干队伍的建设和培养情况；班风建设情况，日常学生管理工作抽查检查情况，学生综合测评及评奖、评优工作落实情况，学生违纪处置情况；学风建设情况，掌握班级学生学业修习情况，指导班级学生进行课程学习、课程选修情况，关心班级学生的学风及学习成绩、考级考证等情况；学生“奖、贷、助、勤、补”等工作的组织和落实情况；指导学生积极参加各类文体活动、科技竞赛活动、第二课堂社团活动及获奖情况；参加社会实践、社会调查情况及效果；落实学生公寓管理和深入学生寝室工作、文明宿舍建设情况，学生诚信缴费情况；落实学生就业指导与服务工作、就业考核相关情况；完成临时性工作任务情况，发表学生教育管理相关论文情况；创新开展班主任工作情况。

第二，考核程序及要求。班主任工作考核以学期为单位，每学期考核一次，一般在每学期末完成。考核分为个人考核、学生评议、院（系）考核、学院审核等四个阶段。①个人考核：班主任对照工作职责，总结本学期的工作及成效，形成书面个人工作小结。②学生评议：院（系）考核小组在其所带班级学生中进行了解调查，并选取学生代表评议班主任工作。③院（系）考核：院（系）考核小组根据本院（系）考核细则，对班主任工作进行考核，并写出考核评语和提出考核等级意见，报院学生处。④学院审核：对各院（系）的考核结果，经院学生处、团委、人事处初审并公示后，递交院学生工作委员会审议批准。考核结果分为优秀（A级）、良好（B级）、称职（C级）、不称职（D级）四级，并对四个等级分别给予一定的比例划分。

第三，将班主任工作列为教师教学业绩考核的重要依据。在教学业绩考核工作中，班主任工作两个学期考核有C级及以下者，教学业绩考核不得评为A级。

第四，将教师承担班主任、辅导员等育人工作纳入各院（系）教师教学业绩考核实施细则。一般而言，未担任班主任、辅导员等育人工作的教师，其育人工作量的考核分值不得超过该项总分值的50%；班主任工作考核为A级的教师，其育人工作量考核分值不得低于该项总分值的80%；班主任考核为D级的教师，其育人工作量考核分值为0。若有特殊情况，则由相关院（系）及职能处室协商解决。

第五，岗位工作津贴、考核奖励津贴和通信补贴。按照班级人数、实体与虚拟情况等因素划分岗位津贴和考核津贴，按学期进行发放。班主任每带一个班级，每月应补贴一定数量的通信费。岗位工作津贴、考核奖励津贴和通信补贴由各院（系）按照岗位工作量统计上报，学生处审核，人事处审批，计划财务处发放。

4.班主任奖惩

第一，学校、各院（系）应像重视业务、学术骨干一样高度重视班主任的选拔与培养，经常研究班主任工作，及时听取班主任对学生思政工作的意见和建议，为班主任工作的顺利开展创造条件；关心班主任的工作和生活，充分调动班主任的工作积极性和创造性，更好地发挥班主任的作用。

第二，在个人年度工作考核或其他荣誉评选中，同等条件下优先考虑班主任工作考核等级为良好及以上的教师。校级优秀班主任原则上从考核等级为良好及以上的班主任中产生，由学校统一发文进行表彰与奖励。各系可采取设立系级优秀班主任等措施，鼓励教师担任班主任工作。强调“从学中来、到学中去”的理念，在职务晋升、干部选拔上，优先考虑具有丰富、出色的班主任工作经验的教师。

第三，班主任工作考核作为教师专业技术职务评审和教师岗位聘任的重要依据。专职教师在担任每一专业技术职务时，必须承担三年班主任工作或者两年辅导员工作并合格，不符合本条件者不得晋升更高一级专业技术职务。

第四，任现职以来获得过优秀考核等级的班主任，在同等条件下，优先晋升或聘任高一级专业技术职务。

第五，为鼓励教授、博士等高层次人才担任班主任工作，设立高层次人才育人专项课题，教授、博士担任班主任工作且考核合格者视为当年的育人课题结题。

第六，学校每两年设立一次优秀班主任论坛，组织开展班主任工作经验交流。

第七，班主任工作考核不合格的，取消当年晋升高一级专业技术职务资格，学校视具体情况可取消其担任班主任的资格。对于在事关政治原则、立场问题

上不能与党中央保持一致的班主任，学校可将其调离现任工作岗位。

5.班主任培训与培养工作

业务培训是提升班主任工作能力，落实班级工作班主任责任制的措施之一。学校在进一步完善《学生工作手册》《班主任工作手册》等制度建设的基础上，由学生处制订培训计划，定期组织开展全校班主任培训工作。学校规定：各院（系）要重视班主任的培训与培养，每月定期召开班主任例会，了解班主任工作近况，并针对班主任的意见和建议开展和调整相关工作；结合学院日常管理和校园文化活动，为班主任与年级辅导员、班主任和学生的和谐互动创造有利条件；各院（系）要在学院统一规划部署下结合实际制定本院（系）班主任培训计划并上报学生处，学生处对计划的落实情况进行抽查。

### （二）创新载体，加强班主任队伍建设

推进班主任队伍建设同样需要创新工作载体。学校近年来除了积极组织推进六个“心中有数”、六个“至少”工作外，还设计了班主任“说班情”、电话家访等活动载体，取得了良好的效果。

班主任“说班情”以各（院）系党总支为单位组织开展，主要内容包括班级基本情况，班级学风建设，班级党团组织、学生干部建设等情况，班主任开展的主要工作、取得的主要成绩、工作中的不足之处及下一步的努力方向。随着活动的深入开展，也可以分不同年级特点来阐述，如三年级班主任可以主要围绕学生顶岗实习和订单签约情况，二年级班主任可以主要围绕学生的职业生涯规划和就业情况，一年级班主任可以重点阐述班级管理的基本情况、班风建设、学风建设、工作特色、工作成果、存在不足和下一阶段工作基本思路等。班主任“说班情”活动既是对过去一个学年班主任工作的考评和检验，有助于提高班主任开展班级工作的水平，同时也是班主任互相学习、互相提升的良好平台，有利于班主任推广班级工作中好的理念与做法，进一步做好学生工作。

现在的高职院校学生大多来自五湖四海，而高职院校教学又实行选课制，不同于初高中的固定教室、固定学生。高职院校的班主任要与学生及其家长沟通实属不易，过去开展家校联系的家访制度已很难实行，对于学生的现状甚至要从班长和团支书那里了解。为此，学校每学期均组织开展为期三个月的电话家访活动，拉近老师与学生及其家长之间的距离，一改之前沟通难的现状。学校组织班主任从学生实习、就业、学业、生活等方面入手，通过电话向每位家长反馈学生的情况，并指导家长树立正确的教育理念，增强家长的责任意识。大部分班主任都做到了“四个一”，即一声亲切问候、一段自我介绍、一次生情沟通、一句真情感

谢。通过开展“电话家访”活动，班主任进一步了解了学生的家庭情况、成长环境，同时也让学生家长全面了解了学生的在校情况，进一步促进了学校、家庭育人合力的形成，进一步做实了人才培养工作。

## 第三节 共青团干部队伍建设

高校共青团干部，是指在学校共青团组织中从事团的工作、对大学生进行思想引领、服务青年学生成长的骨干力量，主要包括高校团委干部和基层团组织的专职团干，他们的主要职责是当好党的助手，通过思想意识形态引导以及组织开展第二课堂校园文化活动、第三课堂社会实践活动、科技创新活动等，团结和凝聚青年，并以此为抓手对青年学生进行思想引领，达到思想育人和活动育人的目的。高校共青团干部是共青团工作的领导者、组织者和实施者，是对团员青年进行思想教育和素质教育的重要力量，是促进共青团事业发展的重要人力资源，建设一支“让党放心，让青年满意”的高素质共青团干部队伍，对于高校的思想政治教育工作具有重要的战略意义和现实意义。

### 一、共青团干部的任职要求

#### （一）政治素质要求

作为党的群团组织，政治属性是共青团的首要属性。因此，对于团干部来说，政治素质要求是任职的第一素质要求。2013 年 6 月 20 日，习近平总书记在同团中央新一届领导班子成员集体谈话时强调，团的干部必须坚定理想信念。团干部的能力素质要求中，首要的就是团干部的政治素质。团干部必须保持坚定的政治立场、正确的政治方向和共产主义信念，要有明辨是非的能力，要有坚强的党性。

#### （二）知识素质要求

团干部的知识素质包含了适应现代化建设和当代青年发展需要所应具备的科学知识。具体来说，可分为基础知识、专业知识两个方面。基础知识就是政治、经济、法律、历史等方面的相关常识。由于团干部的工作对象都是青年，所以从事共青团工作，还需要掌握岗位和职务所对应的专业知识，主要包括团史知识、团务知识、青年工作知识、青年组织知识等。在青年逐渐在网络聚集的新形

势下,团干部还应该了解最新的与青年沟通的方式,不断增加网络知识储备。

### (三)能力素质要求

团干部不仅需要学习知识,更需要具备较好地完成工作的能力。团干部应有的能力可分为两部分,一部分是基础能力,另一部分是专业工作能力。对于共青团干部来讲,基础能力应包括策划组织能力、沟通协调能力、文字处理能力、开拓创新能力、语言表达能力、调查研究能力等;专业工作能力包括青年群众工作能力、资源整合能力等。

### (四)作风品质要求

团干部的作风,分为五个方面,依次为思想作风、学习作风、工作作风、领导作风和生活作风。2013 年 6 月,习近平总书记在同团中央新一届领导班子成员集体谈话时要求团的干部必须锤炼优良作风,既要有干事创业的激情,更要有脚踏实地的作为。当前,共青团干部面临着从未有过的机遇和挑战,所处的成长环境也极为复杂,经受的诱惑和考验也越来越多,自身还存在短板。在这种形势下,团干部尤其要始终保持实事求是、朝气蓬勃的思想作风,勤奋学习、学以致用的学习作风,开拓创新、真抓实干的工作作风,心系青年、服务青年的领导作风,严于律己、艰苦朴素的生活作风。

## 二、高校共青团干部队伍建设存在的问题

### (一)专职团干部配备不足

根据《团中央、教育部关于进一步加强和改进高等学校共青团建设的意见》,在校学生数在 1 万人以下的学校,校团委专职团干部的编制不得少于 5 人;1 万～2.5 万人的学校,不得少于 9 人;2.5 万人以上的学校,不得少于 12 人;分校区较多的学校,还应酌情增加。院系团委(团总支、教工团总支)必须配备至少 1 名专职团干部。从这个要求来看,目前各高校共青团均存在人员配备不足的问题,主要表现在团委的编制不够,人手不足。共青团的工作比较繁杂,从做好团的组织建设到团员青年的思想引领,从组织青年学生学习党的基本方针政策到组织学生开展各类丰富多彩、形式多样的校园文化活动、社会实践活动、志愿服务活动,从管理基层团组织到指导学生会、学生社团进行自我管理,这些繁杂琐碎的工作需要花费团干部大量的时间和精力,如果专职团干部配备不足,就会出现团干部身兼数职,工作效率低、工作落实执行不到位、不能兼顾自身发展等问题,影

响干部队伍的建设与稳定，不利于共青团工作的开展。

### （二）团干部队伍培训机制有待改进

与其他组织和部门相比，共青团的工作具有其自身的特殊性。高校团干部在追求自身进步和发展的同时，肩负着为党培养大批青年学生人才的重任。这对团干部队伍的综合素质、业务能力提出了更高的要求。加强对团干部队伍的培训，是提高团干部综合素质的有效途径和重要方式。虽然目前针对团干部的培训有不少，但大多存在一定的问题，主要表现在三方面。一是培训名额较少，尤其是外出培训的机会少。团干部要有效引导青年学生，自己必须有扎实深厚的知识，需要经常与其他院校的同人进行沟通交流，接受更高层次、更宽视野的思想熏陶，而外出培训就是一个很好的学习机会，但每年各级团组织的培训，因规模不大、名额有限，不能满足团干部队伍的需求。二是培训不够系统，培训效果不明显。当前团干部队伍的培训，缺乏系统性、规范性、计划性，培训时间较为随意，影响了培训效果。三是培训内容不够全面，缺乏针对性。针对团干部的培训内容，大多结合当下的时势，从思想、理论、能力、实践等多个层面展开，内容多，但是还不够全面，缺乏对团干部成长的规划指导。加强对团干部队伍的管理和培训，让更多的团干部在培训中增长见识，提升思想高度、业务水平和综合素质，能让更多青年学生受益，是加强共青团干部队伍建设的关键。

### （三）激励机制欠缺

良好的激励机制有利于调动团干部的积极性，使他们能够充分挖掘个人潜能，在工作中保持活力与干劲。目前，高校共青团干部的激励工作正面临新挑战，如在政治待遇、考核奖励、个人发展等方面，缺乏合理有效的制度保障，这容易打击团干部的工作积极性，也不利于团干部的成长。共青团工作任务多、内容繁杂、压力较大，团干部如果长时间处在这种环境下而没有感受到任何激励，那么他们就容易产生倦怠心理，丧失开拓进取的动力，创新能力自然也会下降，直接影响共青团工作的顺利开展。

## 三、加强共青团干部队伍建设的建议

### （一）做好共青团干部的人力资源规划

高校共青团专职团干部配备不足的主要原因在于人力资源规划不到位。共青团作为党的助手和后备军，为党的事业不断培养和输送优秀人才，要保证团组

织机构的正常运转,就要根据共青团工作的需求,做好共青团干部队伍的人力资源规划。做好专职团干部的配备与选拔,一是要合理安排编制数,保证专职团干部的人数达到标准,为团组织配备足额、优秀的团干部,明确分工,让团干部可以从烦琐的工作事务中脱离出来,有更多时间和精力用于提高自身素质。二是要建立人才储备库,做好长期性的人力资源规划,基层团组织干部由专人担任,保证工作有序开展。三是要做好人才选拔,确保共青团干部人员配备合理(包括数量、质量、层次和结构等),实现人力资源与其他资源的最佳配置,更好地实现团组织发展目标。

### (二)做好共青团干部的培训与开发

高校共青团的服务对象主要为青年大学生,他们年轻有活力、有自己的想法、有敢于拼搏的信念,他们的年龄基本在18～22岁,虽然每一批青年学生的年龄都相差不大,但是随着社会的进步和成长环境的变化,他们的个性、思想、行为、价值取向、心理和需求等方面都呈现出许多新特点,这就要求对共青团干部进行适时的人力资源培训与开发,通过教育学习,让共青团干部不断地吸取新知识、掌握新能力,提高团干部队伍的知识水平、业务能力、综合素质,以适应不断变化的工作环境和不同特点的服务对象。一是要根据团干部的需求,把培训当成快出人才、多出人才、出好人才的重要途径,组织以“多次培训、培训多人”为目标的团干部队伍培训,让每个团干部都能得到培训的机会。二是要把团干部培训做成系统的、固定的、长期的培训,结合实际情况,定期开展不同专题的培训,既注重业务知识的培训,也开展一些针对团干部职称晋升的培训,充分开发团干部的潜能,让团干部队伍紧跟时代发展,用最新、最全面的理论知识武装头脑,在实践锻炼中提高工作能力,实现共青团人力资源的最佳配置,实现建设高效、优质、稳定的共青团干部队伍的目标。

### (三)健全共青团干部的激励机制

健全共青团干部的激励机制,可以充分调动团干部的积极性、主动性和创造性,让团干部队伍保持源源不断的动力,促使共青团工作充满生机,不断创造新的局面。加强对团干部的激励,一是要解决团干部的政治待遇问题,基层团组织的专职干部,应该赋予其一定的政治级别,享受相关的薪酬待遇。二是要解决团干部的职务晋升问题,提高党政领导对团干部的重视度,增加职务晋升机会,保证共青团队伍的活力。三是要关心团干部的个人发展,积极督促团干部在职称、学历、科研等方面提升实力,让团干部工作和个人发展两不误,增强自信心,保持工作的干劲。

# 第四节　学校、家庭互动育人

古希腊哲学家柏拉图说，教育的目的在于培养更好的人，使其具备更高尚的行为，并能活出更有意义的人生。随着我国改革开放的不断深入，市场经济和科技的飞速发展，家庭生活、学校生活都在经历前所未有的变革，影响教育的因素也越来越多。学校思想政治教育工作出现了许多新情况和新问题，学校教育系统以及学校与家庭的相互配合也都不同程度地存在不和谐问题，这已成为思想政治教育工作的制约因素。只有深入探究二者的紧密联系，充分发挥各自作用，互相渗透、互相促进、协调一致，形成双方互动的育人机制，才能综合优劣、健全育人。

## 一、学校、家庭互动育人机制的重要意义

### (一)学校教育是育人的主要阵地

学校教育是家庭教育的延伸和重要补充。在家庭教育、学校教育、社会教育三大教育体系中，学校教育最能发展学生智力，在传授科学文化知识方面作用最显著。首先，不同年龄阶段的学生，其价值观、科学知识、技能需求都呈现出阶段性的特点和需求，学校教育也分成初级、中级和高级教育等多阶段，以满足不同个体的需求。其次，学校作为一个小社会，是学生在学习的同时适应社会的一个良好场所，它安全、可靠，相对开放，既能在文化知识上使学生的智力得到发展，也能让学生的交往、合作、独立等基本的生存技能得到提高，是智商和情商同时培养的良好场所。最后，在高等教育中，教师的教育、班主任的思想工作、校园文化建设、学生社团活动与文体活动等，在学生的发展中起主导作用。相对于家庭教育，学校教育具有组织性、目的性和计划性，所有活动的组织都针对学生不同阶段的特点和需求，为其提供成长的养料。

### (二)家庭教育是育人的重要依托

家庭教育由家长亲自实施，内容、方法都具有灵活性、连续性和广泛性。良好的家庭教育是学校教育和社会教育的重要依托，也是育人的重要场所。家庭是社会的最小单位，每一个体都来自家庭。父母是子女教育的启蒙老师，对子女的习惯养成、性格特点、成长环境比较熟悉，能有针对性地进行教育和引导。以

往,家庭和学校在教育上各自为营、独守一方;当前,在实施素质教育和基础教育改革的新形势下,家长和学校的关系不断发生变化,家长逐渐成为学校教育的最佳配合者,是最有潜力的教育因素。家庭对于一个人品格的塑造、价值观的形成至关重要。要矫正学生的不良行为,培养其健全的人格,首先要从家庭着手。

### (三)"学校、家庭互动育人机制"是育人合力发挥的重要途径

要养成良好的道德品质和储备过硬的文化知识,需要协调好家庭、学校之间的关系,形成"学校、家庭互动育人机制"。

学校教育和家庭教育形成合力,相互促进,相辅相成。我国研究家庭和学校教育和谐发展的专家马忠虎认为,家庭教育和学校教育和谐发展是指对学生教育影响最大的两个机构——家庭和学校共同形成合力对学生进行有效的教育,使学校教育能争取更多家庭教育方面的支持,而家长在对子女进行家庭教育时也能得到来自学校层面的支持和有效指导。孤立地进行学校和家庭教育,不利于教育成果的巩固和效能的提升,只有家校和谐发展,双向互动,在进行学校育人的同时,发挥家庭教育配合和巩固的作用,才能实现 $1+1>2$ 的育人效果。

## 二、浙江金融职业学院构建"学校、家庭互动育人机制"的实践

高职院校、家庭互动育人工作是一项系统工程,浙江金融职业学院大力统筹学校、家庭教育资源,充分发挥各自优势,努力构建了"学校主动、家庭促动"的立德树人教育模式。

家庭教育是为学生的思想政治教育发展奠定基础的一种教育实践。家庭教育是学生素质教育的起点,学生若能在道德、素质习得阶段,有良好的家庭环境熏陶,必将为其综合素质的发展奠定坚实的基础。家庭教育内容的丰富性、生活性、情感性,可以多方面地培养学生的品德。所以,重视家庭教育,帮助和引导家长树立正确的家庭教育观念,与家长保持互动与联系,对学生素质教育的真正落实是极为重要和必要的。学校通过新生家长会、电话家访、学生违纪预警前家长沟通、暑期经济困难家庭走访、给父母写一封信等形式建立了"家庭、学校互动育人机制",增强了学生思想政治教育的针对性和实效性。

学校在每年新生报到之际召开新生家长沟通会,向新生家长通报学校在发展、管理方面的相关理念和政策,并请新生家长积极配合学生培养工作。为切实做好轻微违纪学生的教育工作,体现"以生为本"的办学理念,学校制定《学生违纪预警制实施办法》:通过预警、沟通、帮教,充分与学生家长接触,多方面共同做工作,使受处理的学生心服口服,使家长理解并配合学校细致入微的工作。学校

还长期坚持向学生家长邮寄校报，及时传递学校信息，便于学生家长就学校的重大事件与子女沟通并予以督促。

秉持“多一点沟通，多一些了解”的理念，学校将电话家访活动推向常态化。电话家访活动的有序开展是贯彻“以生为本”理念的生动体现。学校在电话家访活动中推陈出新，结合不同年级学生工作特点以及学生身心发展规律，针对新生开展“电话家访送温暖”活动，针对老生开展“电话家访送温情”活动，针对毕业生开展“电话家访送就业”活动。通过几年的电话家访活动，育人成效不断凸显，为学生“千日成长”不断注入新的活力。

# 参考文献


[1]巴班斯基.论教学过程最优化[M].吴文侃,等译.北京:教育科学出版社,1982.

[2]蔡国春.中美高校学生事务管理模式比较研究[M].青岛:中国海洋大学出版社,2007.

[3]陈宝生.努力办好人民满意的教育[N].人民日报,2017-09-08.

[4]陈万柏,万美容,李东升.思想政治教育学原理新编[M].武汉:华中师范大学出版社,2000.

[5]陈先达.坚持马克思主义在意识形态领域指导地位研究[M].北京:经济科学出版社,2015.

[6]陈向明.行动研究对一线教师意味着什么[J].教育发展研究,2014(4):1.

[7]陈占安.用习近平新时代中国特色社会主义思想铸魂育人:论新时代高校思想政治理论课的历史使命[J].思想理论教育,2019(5):4-9.

[8]储祖旺,蒋洪池.高校学生事务管理概念的演变与本土化[J].高等教育研究,2009(2):86-90.

[9]《党的十九大报告辅导读本》编写组.党的十九大报告辅导读本[M].北京:人民出版社,2017.

[10]邓小平文选(第2卷)[M].北京:人民出版社,1994.

[11]方巍.学生事务管理的流派与模式[M].杭州:浙江大学出版社,2014.

[12]方晓珍.高校"立德树人"的理论指导与实践路径[J].思想理论教育导刊,2013(7):94-98.

[13]冯皓,郑欣峰,詹筱媛.发挥学生理论社团作用推动高校马克思主义大众化[J].中国高等教育,2012(6):36-37.

[14]高德胜.生活德育论[M].北京:人民出版社,2005.

[15]顾海良，佘双好.高校思想政治理论课程教学改革研究[M].武汉：武汉大学出版社，2006.

[16]顾思伟.学习型组织：高校学生社团发展的新愿景[J].文教资料，2007(2)：40-41.

[17]韩延明.强化大学文化育人功能[J].教育研究，2009(4)：89-93.

[18]侯惠勤.意识形态话语权初探[J].马克思主义研究，2014(12)：5-12.

[19]怀特.文化科学：人和文明的研究[M].曹锦清，等译.杭州：浙江人民出版社，1988.

[20]金红兰.新媒体时代下大学生思政教育载体合力的形成[J].山东社会科学，2015(12)：39-40.

[21]李春华.文化的“化人”与思政的“育人”[J].马克思主义研究，2012(9)：138-144.

[22]李家新.从“职业人”到“专业人”：社会分工视角下的大学教师发展模式及其转型[J].现代教育管理，2015(4)：71-75.

[23]李江静，徐洪业.准确把握互联网意识形态话语权争夺的新形势[J].红旗文稿，2015(22)：10-12.

[24]李倩.基于思想政治教育视域的大学生政治信仰培养[J].太原城市职业技术学院学报，2016(7)：68-70.

[25]李慎明.牢牢把握党对意识形态工作的领导权[J].求是，2018(12)：22-24.

[26]李艳.“中国梦”的文化场域与大学文化建设[J].思想政治教育研究，2016(2)：33-38.

[27]梁漱溟.梁漱溟全集(第1卷)[M].济南：山东人民出版社，1989.

[28]列宁全集(第25卷)[M].北京：人民出版社，1988.

[29]蔺伟，苟曼莉.高校文化育人的工作原则和实现途径[J].中国高等教育，2017(2)：37-39.

[30]刘献君.论文化育人[J].高等教育研究，2013(2)：1-8.

[31]刘燕莉，李浩野，陆涛.“思政融通”：思政教育新模式研究与实践[J].研究生教育研究，2019(4)：57-63.

[32]卢家楣.情感教学心理学[M].上海：上海教育出版社，2000.

[33]陆士桢.关于“80至90后”及其教育引导：青年工作与共青团工作的新思考[J].中国青年政治学院学报，2009(2)：1-5.

[34]罗成翼.论高校学生社团文化的德育功能[J].思想教育研究，2003(5)：30-32.

[35]骆郁廷.高校思想政治理论课程论[M].武汉：武汉大学出版社，2006.

[36]马克思恩格斯选集(第1卷)[M].北京:人民出版社,1995.
[37]马克斯·韦伯.学术与政治[M].冯克利,译.北京:生活·读书·新知三联书店,2013.
[38]马宁.新时期高校学生党建工作研究[M].桂林:漓江出版社,2014.
[39]毛泽东文集(第8卷)[M].北京:人民出版社,1999.
[40]毛泽东选集(第1卷)[M].北京:人民出版社,1991.
[41]毛泽东选集(第2卷)[M].北京:人民出版社,1991.
[42]闵永新.大学生思想政治教育有效性研究的现状与展望[J].思想理论教育导刊,2010(1):80-87.
[43]倪松根,孙其昂.思想政治教育载体价值的逻辑意蕴及其实现[J].思想教育研究,2017(8):31-35.
[44]塞缪尔·亨廷顿,劳伦斯·哈里森.文化的重要作用:价值观如何影响人类进步[M].程克雄,译.北京:新华出版社,2010.
[45]佘双好.改革开放以来高校思想政治理论课教学方法的创新发展[J].思想理论教育导刊,2018(10):9-15.
[46]沈壮海.思想政治教育有效性研究[M].武汉:武汉大学出版社,2001.
[47]石云霞."两课"教学法研究[M].武汉:武汉大学出版社,2002.
[48]史姗姗,李斌雄.新时代中国共产党意识形态话语权的群众基础研究[J].江淮论坛,2018(4):51-55.
[49]孙璐.新时期高校学生党建工作的对策研究[D].重庆:重庆理工大学,2012.
[50]孙梦婵,杨威.论新时代思想政治教育载体的新发展[J].思想政治教育研究,2018(3):63-67.
[51]王光彦.充分发挥高校各门课程思想政治教育功能[J].中国大学教学,2017(10):4-7.
[52]王世凤."德育"概念源流析[J].西南民族大学学报(人文社科版),2003(11):254-257.
[53]王帅,肖文旭.在校园文化活动中深化社会主义核心价值观教育[J].思想教育研究,2015(6):78-80.
[54]王亚萍.延安时期毛泽东党的作风建设思想及现实启示[D].大连:大连海事大学,2016.
[55]吴伟英.学校教育与家庭教育的和谐发展研究[J].教育理论与实践,2010(8):33-35.

[56]习近平.决胜全面建成小康社会夺取新时代中国特色社会主义伟大胜利：在中国共产党第十九次全国代表大会上的报告[M]. 北京：人民出版社，2017.
[57]习近平.在北京大学师生座谈会上的讲话[M].北京：人民出版社，2018.
[58]习近平.之江新语[M].杭州：浙江人民出版社，2013.
[59]谢秀秀.社会实践在大学生思想政治教育工作中的实效性研究：以地方本科院校为例[J].青年作家，2015(12)：161.
[60]徐学英，谢华.试论高校思想政治教育载体的创新[J].黑龙江高教研究，2012(3)：118-120.
[61]许国彬，高云坚.高校学生党建工作实务[M].北京：人民出版社，2015.
[62]许苏民.人文精神论[M].武汉：湖北人民出版社，2001.
[63]雅斯贝尔斯.什么是教育[M].邹进，译.北京：生活·读书·新知三联书店，1991.
[64]杨四海.本科生班主任制的生存困境及发展出路[J].江苏高教，2008(5)：135-137.
[65]杨玉霜.高职院校德育生活化的有效路径探析[J].科教导刊，2016(1)：92-93.
[66]叶澜.教育概论[M].北京：人民教育出版社，1991.
[67]阴浩.基于文化自觉视野下高校文化育人实施路径[J].中国高等教育，2019(21)：51.
[68]于丹.高校学生社团德育功能研究[D].长沙：湖南农业大学，2013.
[69]于世华.教学内容的灵活结构性[J].当代教育科学，2004(17)：24-26.
[70]俞吾金.意识形态论[M].上海：上海人民出版社，1993.
[71]袁贵仁.加强大学文化研究推进大学文化建设[J].中国大学教学，2002(10)：4-5.
[72]约翰·S.布鲁贝克.高等教育哲学[M].王承绪，等译.杭州：浙江教育出版社，2002.
[73]曾令辉，贺才乐，陈敏.思想政治教育载体研究的回顾与展望[J].思想教育研究，2014(10)：17-25.
[74]张建文.思想政治课程与教学论[M].北京：人民出版社，2008.
[75]张雷声.新时期思想政治理论课教学方法探讨[M].北京：高等教育出版社，2006.
[76]张鹏超.高职院校发展服务型学生工作体系研究[M].杭州：浙江大学出版社，2014.

[77]张鹏超，等. 高职院校育人工作案例评析[M]. 杭州：浙江工商大学出版社，2019.

[78]张想明，杨红梅. 论思想政治教育的政治性、科学性、文化性及其关系[J]. 前沿，2013(1)：27-30.

[79]张耀灿，陈万柏. 思想政治教育学原理[M]. 北京：高等教育出版社，2001.

[80]张耀灿，等. 现代思想政治教育学[M]. 北京：人民出版社，2006.

[81]张玉成，张富良. 加强高校德育载体建设的新思考[J]. 辽宁教育研究，2003(7)：78-79.

[82]张志军，沈威，高飞，等. 构建高校发展型学生工作体系的理论与实践[M]. 北京：中国书籍出版社，2015.

[83]赵平. 美国高校学生工作[M]. 北京：北京航空航天大学出版社，1996.

[84]赵伟. 试论劳动、劳动教育和职业教育的关系[J]. 中国高教研究，2019(11)：103-108.

[85]郑永廷，叶启绩，郭文亮，等. 社会主义意识形态研究[M]. 广州：中山大学出版社，1999.

[86]郑永廷. 论思想政治教育的本质及其发展[J]. 教学与研究，2001(3)：49-52.

[87]中共中央文献研究室. 十五大以来重要文献选编(上)[M]. 北京：人民出版社，2000.

[88]中共中央宣传部(国务院新闻办公室)，中共中央文献研究室，中国外文出版发行事业局. 习近平谈治国理政(第2卷)[M]. 北京：外文出版社，2017.

[89]中国大百科全书出版社《简明不列颠百科全书》编辑部，译编. 简明不列颠百科全书(第9卷)[M]. 北京：中国大百科全书出版社，1986.

[90]中国共产党第十九次全国代表大会文件汇编[M]. 北京：人民出版社，2017.

[91]中国社会科学院语言研究所词典编辑室. 现代汉语词典[Z]. 北京：商务印书馆，1994.

[92]周建松. 基于高质量发展的高职院校素质教育[J]. 中国高等教育，2019(7)：57-59.

[93]周先进. 高校德育环境论[M]. 长沙：湖南人民出版社，2005.

[94]周秀平. 劳动教育就是素质教育[N]. 中国教育报，2018-11-09.

[95]朱飞. 高校课程思政的价值澄明与进路选择[J]. 思想理论教育，2019(8)：62-72.

[96]朱继东. 新时代党的意识形态思想研究[M]. 北京：人民出版社，2018.

[97]朱霞梅. 当前高校辅导员队伍建设面临的内在冲突与超越[J]. 思想理论教育，2012(1)：34-38.

[98]朱小蔓.情感德育论[M].北京:人民教育出版社,2005.

[99]邹宏秋.培育高职院校思政课政治品格与理论魅力的专题教学探析[J].思想理论教育导刊,2017(9):105-107.

# 后　记

2016年,全国高校思想政治工作会议召开后,浙江金融职业学院党委书记周建松教授建议我结合会议精神和自己日常负责的工作,完成《高职院校学生思想政治教育的理论与实践》一书,并给予了具体的工作指导。但由于工作繁忙,我写写停停。后来,基于多年的实践与思考,我先后申报2017—2018年度浙江省高校重大人文社科攻关计划项目和2018年度教育部人文社会科学研究专项任务项目(高校思想政治工作),作为主要参与人申报了其他省级课题,均获立项。为了不负周建松教授的嘱托,也为了更好地完成课题,我与课题组成员吴德银、俞婷充分研讨,分工协作,加快推进。我们查阅了大量的文献资料,结合个人的学习、思考以及浙江金融职业学院的实践,完成了本书。具体分工如下:张鹏超负责拟定写作提纲并撰写第一章、第二章、第七章,吴德银撰写第五章、第六章、第八章,俞婷撰写第三章、第四章,全书由张鹏超负责最后的统稿工作。

本书的撰写和出版得到了浙江金融职业学院的大力支持,学校党委书记周建松教授、校长郑亚莉时刻关心出版进度,鼓励我们早日完成书稿,学校的几位年轻教师对书稿进行了校对。书中多处引用了学校思想政治工作的实践成果,在此谨向各位辛勤工作在学生思想政治教育一线的教师表示衷心感谢。

由于水平有限,书中差错在所难免,敬请读者朋友指正。

**张鹏超**

2020年8月